Kira Gembri

Das geheime Leben der Tiere
Im Reich der Geparde

Bisher erschienen:

Lebensraum „Ozean“

Minik – Aufbruch ins weite Meer
Minik – Der Ruf der Arktis
Abenteuer im Korallenriff
Ein Seehund findet nach Hause

Lebensraum „Wald“

Die weiße Wölfin
König der Bären
Stadt der Füchse
Revier der Raben

Lebensraum „Savanne“

Nuru und Lela – Das Wunder der Wildnis
Maru – Die Reise der Elefanten
Im Reich der Geparde

Lebensraum „Dschungel“

Freundschaft im Regenwald
Die schwarze Tigerin

Kira Gembri

Im Reich der Geparde

Mit Illustrationen von Jennifer Coulmann

Das geheime Leben der Tiere
Savanne

Loewe

FSC
www.fsc.org
MIX
Papier | Fördert gute Waldnutzung
FSC® C014496

ISBN 978-3-7432-1160-5
1. Auflage 2024

Umschlag- und Innenillustrationen: Jennifer Coulmann
Umschlaggestaltung: Michael Dietrich
Redaktion: Simona Herzig
Printed in the EU

www.loewe-verlag.de

Inhalt

1. Kapitel

Wie Schatten in der Savanne

Die Jägerin starrte in die Ferne.

Sie hatte einen Hügel gefunden, der ihr perfekte Sicht auf das Grasmeer bot. Nun suchte sie angespannt nach einer Bewegung, die nicht vom Wind in den trockenen gelben Halmen stammte. Aber da war nichts – die anderen schienen alle zu schlafen.

Gut so, dachte die Jägerin, während sie geschmeidig den Hügel hinunterglitt. *Schlaft ihr ruhig, während es heiß und hell ist! Ich kann keine wachen Augen in der Nähe gebrauchen.*

Vorsichtshalber blickte sie noch einmal nach allen Seiten, ehe sie sich auf den Weg machte. Ihr Geheimnis war viel zu kostbar, um auch nur das kleinste Risiko einzugehen. Als sie absolut sicher war, dass niemand ihr folgen würde, schlich sie geduckt in Richtung ihres Verstecks. Vor Kurzem war es ihr noch wie der beste Platz weit und breit erschienen: eine Mulde inmitten von dichtem Gestrüpp, aus der Ferne vollkommen unsichtbar. Das Problem war nur, dass die Jägerin selbst nicht viel sehen konnte, während sie sich zwischen den Sträuchern hindurchzwängte. Unruhig drehte sie die Ohren hin und her, dann hörte sie es: ein leises, hohes Piepsen.

Ihr Versteck war wie ein Nest, und die Bewohner klangen wie winzige Vögelchen. Aber kein Vogel hatte jemals das Herz der Jägerin so schnell schlagen lassen wie die drei dunklen Knäuel, die sie gleich darauf hinter den Zweigen sah!

„Mama", zirpte ihre Tochter vorwurfsvoll. „Wo bist du nur gewesen? Du warst ewig lange weg!"

Das stimmte nicht – die Jägerin hatte rasch Beute gemacht und in aller Hast gefressen. Aber wenn man erst wenige Tage alt und klein wie eine Ratte war, kam einem ein Morgen ohne Mutter bestimmt endlos vor. „Jetzt bin ich ja da“, schnurrte die Jägerin und legte sich auf die Seite. Sofort krabbelte das Töchterchen zu ihren Zitzen. Gestern hatte sie das noch nicht so gut gekonnt. Die Jägerin war nicht überrascht; Mädchen lernten oft schneller als ihre Brüder. Aber alle drei waren schon ordentlich gewachsen! *Wird Zeit, dass sie Namen bekommen*, dachte die Jägerin und leckte ihrer Tochter über den flauschigen runden Kopf. „Flaum“, bestimmte sie, doch das frisch getaufte Mädchen ließ sich nicht stören. Sie war schon voll und ganz mit Trinken beschäftigt.

Als Nächstes kam ihr älterer Bruder angekrochen. Er war längst nicht so geschickt wie Flaum, und seine Pfoten wirkten für seinen Körper viel zu groß. Obwohl die Jägerin zwölf Zitzen hatte, schaffte er es, ausgerechnet dort zu landen, wo *keine* Zitze war. „Huch“, fiepte er erschrocken. „Mami, deine Milch ist weg! Du hast deine Milch im Gebüsch verloren! Oje, oje, geh sie schnell suchen!“

Sanft beförderte ihn die Jägerin an die richtige Stelle. „Tatze“, meinte sie belustigt.

„Hab sie gefunden“, nuschelte er und begann ebenfalls zu trinken. Die Jägerin schaute zufrieden zu. Flaum und Tatze waren keine besonderen Namen, aber die konnten ihre Kinder sich verdienen, wenn sie groß waren. *Falls* sie die Chance bekamen, groß zu werden. Die Welt war furchtbar gefährlich für Gepardenbabys ...

Plötzlich beunruhigt, drehte die Jägerin den Kopf. Sie atmete auf, als sie das dritte Baby sah. Im Gegensatz zu seinen Geschwistern machte es keine Anstalten, näher zu kommen. Es spielte gerade mit seiner Schwanzspitze und schien fest entschlossen, einem wichtigen Rätsel auf die Spur zu kommen: War dieses Ding eigentlich angewachsen oder nicht?

„Du solltest auch etwas trinken ... Schatten", sagte die Jägerin.

Das dritte Baby wandte sich zu ihr. Natürlich waren seine Augen noch genauso fest geschlossen wie die seiner Geschwister, aber die Jägerin hatte trotzdem das Gefühl, eindringlich angeschaut zu werden. „Schatten?", piepste der Kleine. „Was ist denn das für ein Name?"

„Ein passender. Du hast mehr Dunkelheit in deinem Pelz als die anderen." Kritisch beäugte die Jägerin ihren jüngsten Sohn. Alle Gepardenbabys hatten dunkles Fell, aber man konnte ihr Muster schon erkennen. Schatten hatte allerdings keine Punkte, wie sich das gehörte, sondern große Flecken. Am Rücken fügten sie sich sogar zu drei dicken Linien zusammen!

Ein gestreifter Gepard? Die Jägerin zuckte irritiert mit den Ohren. Sie überlegte, ob sein Vater ähnlich ausgesehen hatte, aber sie konnte sich nicht erinnern. Die Väter ihrer Jungen traf sie immer nur kurz, höchstens für ein paar Tage, danach trennten sich ihre Wege wieder. Auf jeden Fall kam ihr dieses dritte Baby sehr eigenartig vor: nicht nur so dunkel, sondern auch so besonders wie Schatten in der Savanne. Das war nicht gut, gar nicht gut. Ein Gepard sollte niemals hervorstechen, sondern möglichst unauffällig sein!

Für einen Moment verstummte das Schnurren der Jägerin, und sie schob das gefleckte Söhnchen energisch an ihre Zitzen. „Trink jetzt, genau wie die anderen", mahnte sie.

Zum Glück hörte Schatten diesmal auf sie. Anscheinend hatte er das Rätsel um seine Schwanzspitze inzwischen gelöst – und ob sein Fell gefleckt war, gepunktet oder kariert, war ihm vollkommen egal.

2. Kapitel

Der Weg der Geparde

Schatten hatte nicht das Gefühl, etwas Besonderes zu sein. Oder besser gesagt: Es kam ihm so vor, als wären er und seine Geschwister *alle* sehr besonders. Andernfalls hätte ihre Mutter wohl kaum einen solchen Aufwand betrieben, um sie zu beschützen!

„Bringst du uns wieder in ein neues Versteck?", maunzte er und beobachtete die Jägerin, die gerade dabei war, den Nacken von Schwester Flaum sanft zwischen die Zähne zu nehmen. Mittlerweile konnten die Babys ihre Augen öffnen, und Schatten fand, dass es hier im Gebüsch sehr schön und sicher aussah. Trotzdem waren sie nun schon mehrmals umgezogen. Anscheinend war Mama kein Ort gut genug für sie!

„Wenn ihr zu lange an einer Stelle liegt, sammelt sich dort euer Geruch", erklärte die Jägerin und hob ihre Tochter hoch.

„Sammelt sich ... unser Geruch?", wiederholte Tatze stockend. „Was soll denn das heißen?"

„Dass du stinkst“, erklärte Flaum von oben herab. „So sehr, dass schon das ganze Gras nach dir müffelt!“

Gekränkt schnupperte Tatze im Kreis. „Das ist nicht nur von mir. Ihr habt da genauso hingemüffelt!“

„Niemand müffelt hier“, sagte ihre Mutter etwas ungeduldig. „Im Gegenteil, für Hyänen riecht ihr wahrscheinlich sogar zu gut. Und für Löwen riecht ihr nach zukünftigen großen Jägern, die sie nicht in ihrer Nähe dulden! Jedenfalls sollten wir kein Risiko eingehen. Merkt euch das, Kinder: Vorsicht ist der Weg der Geparde.“

Dann schlich sie mit Flaum im Maul los, und die Brüder warteten brav, bis auch sie abgeholt wurden. Stilles Warten gehörte zum Vorsichtigsein, so viel hatten sie bereits gelernt. Trotzdem störte es Schatten, dass etwas dermaßen Langweiliges *der Weg der Geparde* sein sollte. Warum nicht Trinken, Kuscheln oder sich gegenseitig Putzen? All das beherrschten sie ja genauso gut! Und es gab noch mehr, was ein kleiner Gepard machen konnte ...

„Sich auf seinen Bruder zu setzen, ist der Weg der Geparde“, murmelte Schatten vor sich hin und krabbelte auf Tatzes Rücken.

„Aua!“, quiekte der. „Geh runter, sonst sieht dich vielleicht eine Hyäne!“

„Soll sie doch", meinte Schatten großspurig und zog die Lefzen zurück – obwohl er ahnte, dass er erst ein paar winzig kleine Milchzähne hatte. Aber im Maul seiner Mama war ein vollständiges Gebiss! Wieso zeigte sie das nicht ihren Feinden, anstatt immer wieder neue Verstecke zu suchen?

Die Jägerin schien allerdings nicht gewillt, ihre Zähne einzusetzen. Lieber sorgte sie Tag und Nacht dafür, dass ihre Jungen keine anderen Raubtiere zu Gesicht bekamen. Dabei hätte Schatten zu gern gewusst, wie Löwen und Hyänen aussahen! Jetzt, da seine Augen immer besser wurden, fand er den Anblick der Sträucher rund um die Kinderstube bald langweilig. Da halfen auch die häufigen Umzüge nichts, denn alle Verstecke waren sehr ähnlich.

Tatze und Flaum ging es genauso wie ihrem Bruder. Statt die meiste Zeit zu dösen, fingen sie nun an, sich zu balgen. Während sie fiepend durcheinanderkullerten, saß die Jägerin oft regungslos zwischen ihnen und starrte zum Horizont. Leider war Schatten noch viel zu klein, um ihrem Blick zu folgen. „Was ist denn da?", fragte er und versuchte, sich am Vorderbein seiner Mama aufzurichten.

„Nichts", sagte sie.

Die Antwort hatte Schatten sich wahrhaftig spannender vorgestellt. „Warum guckst du dann dorthin? Ich würde nur gucken, wenn es auch was zu gucken gibt", zirpte er altklug. „Spiel lieber mit uns!"

Die Jägerin wandte sich kurz zu ihm, um über seine Wange zu lecken. „Dann könnte ich etwas Wichtiges verpassen", erklärte sie. „Wir Geparde müssen früher über alles Bescheid wissen als die anderen Tiere. Wir müssen Beute oder Feinde entdecken, bevor die auch nur eine blasse Ahnung von uns haben!"

„Und was machen wir, wenn du sie entdeckt hast?", wollte Schatten wissen.

Abermals war die Antwort seiner Mutter eine Enttäuschung. „*Ihr* macht überhaupt nichts", sagte sie und richtete ihren Blick wieder in die Ferne. „Je weniger ihr euch rührt, desto besser. Zum Glück seid ihr mittlerweile ziemlich gut getarnt. Ist dir denn nicht aufgefallen, dass euer Fell sich verändert hat?"

Prüfend betrachtete Schatten seine Ge-

schwister, die mitten beim Rangeln eingeschlafen waren. Seit Kurzem hatten sie eine fluffige, silberweiße Mähne, die sich über den Kopf und den gesamten Rücken zog. Die untere Körperhälfte war immer noch dunkel, sodass sie aussahen, als hätten sie bis zur Brust im Schlamm gesteckt.

„Heißt das, ich bin genauso ulkig gemustert wie die zwei?", piepste Schatten und verrenkte sich fast den Hals, um seinen eigenen Pelz anzuschauen.

Die Mutter zögerte. „So ähnlich", sagte sie dann ausweichend. „Und darüber solltest du dich freuen, denn auf diese Weise könnt ihr euch besser im trockenen Gras verstecken. Außerdem seht ihr von Weitem aus wie Honigdachse. Das sind sehr tapfere, wehrhafte Tiere, denen nicht mal ein Löwe gern in die Quere kommt!"

Schatten blinzelte verblüfft. Gerade wollte er noch etwas fragen, da merkte er, dass die Haltung seiner Mutter sich verändert hatte: Ihre Muskeln strafften sich, sie stellte die Ohren nach vorn und senkte den Kopf, ehe sie zu schleichen begann. Kein Zweifel, nun hatte sie etwas gesehen.

„Beute oder Feind?", maunzte Schatten ihr hinterher.

„Beute – wenn ich sie schnell genug erreichen kann.

Bin bald zurück!" Damit verschwand die Jägerin im hohen Gras, und Schatten krabbelte zu seinen Geschwistern hinüber. Gedankenverloren begann er, ihre silbrigen Mähnen zu putzen. Tatze schnurrte im Schlaf, aber Flaum öffnete die Augen und schniefte genervt. „Was wird das, wenn's fertig ist?"

„Ich mach eure Mähnen noch heller", verkündete Schatten. „Damit ihr genauso ausseht wie Honigtatze."

„Wie wer?"

„Honig...bratze. Ein ganz tolles, mutiges Tier." Stolz auf sein neues Wissen blickte Schatten auf seine Schwester herab.

Flaum wirkte nicht sonderlich beeindruckt. „Aha. Kann ich jetzt weiterschlafen?", zirpte sie.

Etwas enttäuscht legte Schatten sich zwischen seine Geschwister. Es hätte ihm auch viel besser gefallen, nicht nur wie ein tapferes, wehrhaftes Tier auszusehen, sondern tapfer und wehrhaft zu *sein*! Aber wie stellte man das bloß an?

Am besten, ich frag mal die Honigfratze, überlegte Schatten. Dann machte er die Augen zu und beschloss zu dösen, bis seine Mutter wiederkam.

3. Kapitel

Magisches Futter

„Ai!"

Erschrocken fuhr Schatten hoch. Der schrille Laut hatte sich in seinen Schlaf gebohrt wie ein Stachel. Mit klopfendem Herzen drehte er den Kopf und sah, dass seine Geschwister sich ebenfalls verwirrt umschauten.

„Hör auf damit, Tatze", verlangte Flaum.

„Das war ich gar nicht! Immer soll ich alles gewesen sein!" Beleidigt stampfte Tatze mit den dicken Pfoten. „Es kommt von Hinter-dem-Strauch."

Die anderen beiden spitzten verblüfft die Ohren. Tatsächlich, das Geräusch schallte aus dem Grasmeer zu ihnen herüber, und die Stimme klang vertraut.

„Das ist Mama", erkannte Schatten plötzlich. „Ich glaube, sie ruft nach uns!"

„Das hat sie aber noch nie gemacht." Ängstlich schielte Tatze zu den Zweigen, die ihr Versteck umgaben. In den vergangenen sechs Wochen hatten sie sich so sehr an diese Mauern gewöhnt, dass es fast unvorstellbar war, sie zu verlassen. Aber die Rufe hörten nicht auf – sie wurden sogar noch drängender. *„Ai! Ai!"*

„Ich gehe", beschloss Flaum und reckte ihr Köpfchen. „Wenn ihr euch zu sehr fürchtet, kann ich euch nachher ja erzählen, was los war."

Aber das durfte Schatten nicht auf sich sitzen lassen. Wer tapfer und wehrhaft sein wollte, blieb doch nicht einfach im Gebüsch, wenn das Abenteuer rief! „Tatze und ich kommen natürlich mit", verkündete er, obwohl sein Herz immer noch heftig pochte.

„Äh, klar", stimmte Tatze unglücklich zu. „Obwohl ich nicht gaaanz sicher bin, ob das zum *Weg der Geparde* gehört ..."

Flaum achtete nicht mehr auf ihn. Entschlossen schob sie sich zwischen den Zweigen hindurch, und Schatten folgte ihr. Nach wenigen Schritten hielt er allerdings staunend inne. Die Welt „Hinter-dem-Strauch" war wunderschön! Zwar hatte er schon einen Blick darauf werfen können, wenn die Jägerin ihn von einem Versteck zum nächsten getragen hatte, aber dabei war er meistens im Halbschlaf gewesen. Jetzt fühlte er sich hellwach, so wach wie nie zuvor in seinem Leben. Mit aufgerissenen Augen stapfte er weiter, während ringsum alles zu tanzen

schien: Die Halme wiegten sich im Wind, die Luft flirrte, die Sonnenstrahlen malten neue Muster auf Flaums Fell. Beinahe hätte Schatten vergessen, wo sie eigentlich hinwollten. Ausgelassen schnupperte er in alle Richtungen, bis wieder dieses kurze, hohe Jaulen erklang. Diesmal ganz in der Nähe! Gemeinsam stürmten die Welpen los und hatten ihre Mutter gleich darauf gefunden.

„Na endlich“, sagte sie vergnügt. „Ich dachte schon, ich müsste wieder allein fressen. Dabei seid ihr mittlerweile groß genug für eine Kostprobe, oder etwa nicht?“

Ungläubig schaute Schatten erst zu ihr, dann auf das braun-weiße Etwas an ihrer Seite. Er hatte bisher keine genaue Vorstellung gehabt, was Beute eigentlich war. Sein Blick wanderte von den staubbedeckten Beinen bis zu den langen Hörnern, während er allmählich begriff: Das hier musste noch vor Kurzem ein Tier gewesen sein, aber jetzt war es eindeutig Futter. Und zwar sehr verlockendes Futter! In Schattens Adern kribbelte es vor Aufregung, während er den köstlichen Duft einsog.

Trotzdem war es Flaum, die sich als Erste auf die

Beute stürzte. Sie zog und zerrte, doch ihre winzigen Milchzähne kamen nicht durch die zähe Haut. Ärgerlich begann sie zu fauchen, bis die Jägerin ihr zu Hilfe kam. Bei diesem Anblick gab es auch für Tatze und Schatten kein Halten mehr. Alle drei probierten von dem neuen Futter und schnurrten vor Begeisterung. Das hier war so anders als Milch, viel weniger süß, und dennoch schmeckte es nach *mehr*. Schatten glaubte fast, die Kraft und Geschwindigkeit des Beutetiers auf seiner Zunge zu spüren! Bestimmt wurde man auf völlig neue Weise satt, wenn man so etwas fraß ... und vielleicht auch mit jedem Bissen tapferer. Warum hatte Mama ihnen erst jetzt gezeigt, dass man Hinter-dem-Strauch solche magischen Leckerbissen fand?

Ich gehe nie, nie wieder zurück ins Versteck, beschloss Schatten – da hörte die Jägerin plötzlich zu fressen auf. Sie hob den Kopf und schaute zum Himmel. Nur mit Mühe konnte Schatten sich von der Beute losreißen, um dem Blick seiner Mutter zu folgen. Große Vögel kreisten über ihnen, als vollführten sie in der Luft einen Freudentanz. Die Jägerin schien sich allerdings kein bisschen zu freuen. „Das ist nicht gut", stieß sie hervor. „Fresst schneller!"

Flaum und Tatze gehorchten, aber die Fragen in Schattens Kopf waren auf einmal größer als sein Hunger. „Wieso denn? Die Vögel tun uns doch nichts!"

„Geier sind Verräter." Seine Mutter fraß hastig noch ein paar Bissen, während sie immer wieder unruhig nach allen Seiten blickte. Dann gab sie ein warnendes Gurren von sich. „Oje, da kommen sie schon. Wir müssen hier weg!"

Entsetzt quiekte Schatten auf. Er hatte längst nicht genug gefressen! Er war noch kein Stück tapferer geworden! Wie konnte Mama verlangen, dass sie diese herrliche Beute einfach zurückließen? Mit gestrecktem Hals spähte er über das Gras, um herauszufinden, wer die Jägerin so erschreckt hatte. Spitzohrige, spitznasige Gestalten liefen geradewegs auf sie zu. Es waren mehrere, aber sie waren klein. Jedenfalls sehr viel kleiner als die Jägerin!

„Sind das Löwen?", piepste Tatze besorgt.

„Schakale. Die Geier haben ihnen gezeigt, dass es hier etwas zu holen gibt. Los jetzt, wir sind fertig!" Unerbittlich scheuchte die Jägerin ihre Kinder vor sich her. Aus der Ferne hörten sie noch das triumphierende Kläffen und Jaulen der Spitznasen, während sie zurück zum Versteck eilten. Dann saßen sie wieder zwischen den Sträuchern, und die Jägerin begann seelenruhig, ihre Jungen zu putzen. Sie benahm sich, als hätte es diesen Überfall niemals gegeben. Konnte das bedeuten, dass sie daran *gewöhnt* war, ihre Beute zu verlieren?

„Ich hab immer noch Hunger", verkündete Tatze mit klagendem Vogelstimmchen.

Die Jägerin schob ihn an ihre Zitzen, wo Flaum bereits zu trinken begonnen hatte. „Was lernen wir daraus? Beim nächsten Mal müsst ihr noch viel schneller fressen. Vor allem du, Schatten!", mahnte sie.

Schatten gab keine Antwort. Auf einmal fand er es nicht mehr schlimm, dass er nur wenig von der Beute erwischt hatte. Dieses Futter hätte ihn sowieso kein bisschen tapferer machen können. Es hatte zwar geschmeckt, als wäre es magisch ... Aber das stimmte nicht. Denn sonst hätte seine Mutter niemals so feige sein können, wie sie es beim Anblick der Schakale gewesen war.

4. Kapitel

In Lebensgefahr

Der Gedanke, dass seine Mutter ein Feigling sein könnte, hing wie eine Klette in Schattens Fell. Er versuchte, ihn abzuschütteln, doch es klappte nicht. Vor allem, weil die Jägerin ihre Kinder nun immer häufiger rief, wenn sie Beute gemacht hatte. Die Welpen lernten, das Fleisch möglichst schnell hinunterzuschlingen und sich dabei weder mit Fragen noch mit Rangeleien aufzuhalten. Trotzdem gelangen ihnen oft nur wenige Happen. Dann ertönte auch schon das Warngeräusch der Mutter, die beim Fressen ständig die Umgebung im Blick behielt: „Hyänenalarm!“, meldete sie, oder: „Achtung, Paviane!“, oder: „Ich glaube, da kommt ein Leopard!“

Irgendwann machte Schatten sich gar nicht mehr die Mühe, über die Grashalme hinwegzuspähen, um einen

Blick auf diese angeblichen Räuber zu erhaschen.
Auch Bitten und Betteln hatte keinen Zweck. Die Jägerin drängte zur Flucht, sobald die Lage auch nur ein kleines bisschen brenzlig wurde. Aber woher wollte sie denn wissen, dass sie ihre Beute nicht verteidigen konnte? Sie versuchte es ja nie!

Zuerst war Schatten über dieses Benehmen verwirrt, dann verstört, doch allmählich wuchs in ihm die Wut. Es wurmte ihn, dass seine stolze, kluge, geschickte Mama sich das Leben so schwer machen ließ. Besonders zornig wurde er, wenn ihr Ruf um die Mittagszeit ertönte. Sie jagte während der größten Hitze, weil die meisten anderen Raubtiere dann schliefen! So konnten sich die kleinen Geparde zwar öfter satt fressen, doch Schatten ahnte, dass seine Mutter kostbare Energie verschwendete. Wenn sie keuchend neben ihrer Beute lag und vor Erschöpfung kaum einen Bissen nehmen konnte, glühte der Ärger in Schattens Brust noch heißer als die Mittagssonne.

„Kann man denn nicht in der Nacht Beute machen?", fragte er, als sie wieder einmal bei gleißender Helligkeit zurück zu ihrem Versteck liefen. Und sehnsüchtig fügte er hinzu: „Da ist die Luft so kühl, das Gras ist feucht ..."

„Was weißt du denn von der Nacht?", unterbrach ihn Flaum und drehte abschätzig die Ohren nach hinten. „Da schlafen wir doch alle."

Schatten zog ein wenig den Kopf ein. Er hatte noch niemandem erzählt, dass er abends gern länger wach blieb als seine Geschwister. Dann sah er zu, wie die Sterne am Himmel erschienen, und manchmal kamen sie ihm ganz nahe vor. So nahe, dass er nur den Hals strecken müsste, um einen von ihnen zu schnappen.

„Also, warum kann man das nicht?", wich er der Frage seiner Schwester aus.

„Man kann es schon", sagte die Jägerin. „Sehr viele Raubtiere tun es, aber wir nicht. Das ist –"

„Nicht der Weg der Geparde. Alles klar." Missmutig trottete Schatten weiter, doch die Jägerin überholte ihn mit zwei schnellen Schritten.

„Na, sieh mal einer an. Wann ist denn mein kleiner Sohn so weise geworden?"

Tatze kam angelaufen, stolperte über die eigenen Pfoten und plumpste vor seiner Mutter ins Gras. „Ich bin auch dein kleiner Sohn", tschilpte er. „Bin ich auch weise?"

„Du ... bist ordentlich gewachsen." Amüsiert fuhr ihm

die Jägerin mit der Zunge über den Kopf. „Die Weisheit kommt dann wahrscheinlich später."

„Bestimmt", fiepte Tatze. „Zum Beispiel in der Nacht!" Er wirkte so fröhlich und zufrieden mit sich selbst, dass Schatten nicht länger mürrisch bleiben konnte. Mit einem Schubs brachte er seinen Bruder zu Fall, und die beiden rollten ausgelassen über den Boden. Nach kurzem Zögern warf Flaum sich mitten in das Geschwisterknäuel. Sogar die Jägerin verteilte ein paar sanfte Pfotenhiebe. Dass sie so unbekümmert mit ihnen herumtollte, war etwas Besonderes, und Schatten genoss es in vollen Zügen. „Wir schmeißen dich um, Mama!", maunzte er, während er an ihr hochsprang. „Pass auf, gleich fällst du ..."

Die Jägerin erstarrte. Für einen winzigen Augenblick glaubte Schatten, er hätte es zu weit getrieben, obwohl Mama sonst immer so geduldig mit ihnen war. Dann merkte er, dass sie über die strampelnden Welpen hinweg in Richtung des Verstecks schaute. Sie krümmte den Rücken, und ihr Nackenfell richtete sich auf. So oft hatte sie ihre Kinder schon vor Gefahren gewarnt, aber nun gab sie keinen Ton von sich. Der Feind war zu nah. Es sah aus, als wagte die Jägerin nicht einmal zu atmen.

Schattens Herz krampfte sich zusammen. Er erinnerte sich daran, wie Tatze bei ihrem ersten Ausflug gefragt hatte: *„Sind das Löwen?"* Jetzt brauchte niemand diese Frage zu stellen. Sie alle wussten, dass sie die gefährlichsten Raubkatzen der Savanne vor sich hatten. Die zwei Gestalten mit den dunklen Mähnen waren riesig, und ihre Körper schienen fast nur aus Muskeln zu bestehen. Interessiert schnüffelten sie an dem Versteck, als rechneten sie damit, gleich jemanden aufzustöbern. Dann scharrten sie mit ihren mächtigen Pranken zwischen den Sträuchern, und Schatten zitterte bei dem Gedanken, dass er vor Kurzem noch an dieser Stelle geschlafen hatte.

„Kommt, Kinder“, hörte er seine Mutter nun flüstern. „Wir müssen –“

Da hob einer der Löwen den Kopf. Nie würde Schatten diesen Blick vergessen. Der Löwe wirkte nicht wütend, noch nicht einmal aufgeregt. Ruhig und selbstsicher betrachtete er die Gepardenfamilie, als wollte er sagen: *Ah ja. Hab ich euch.*

Im nächsten Moment schoss die Jägerin nach vorn. Es ging so schnell, dass Schatten nur einen verschwommenen gelb-schwarzen Streifen sah. Plötzlich stand sie direkt vor den Löwen, und ein Grollen drang aus ihrer Brust. „Ihr wollt Ärger?“, knurrte sie. „Den könnt ihr haben. Kommt doch her, wenn ihr euch traut!“

Schatten war fassungslos – und die Löwen ebenso. Einer von ihnen schüttelte seine Mähne, als würde er von ein paar Fliegen geärgert. Der andere machte unschlüssig einen Schritt auf die Jägerin zu, und die wich sofort zurück. Aber danach fing sie wieder an, die Löwen herauszufordern. Sie stampfte mit den Pfoten, fauchte, sprang von einer Seite zur anderen. „Feiglinge seid ihr!", spie sie den verdatterten Löwen entgegen. „Große, dicke Feiglinge. Oder seid ihr zu faul, um mich zu schnappen?"

Neben Schatten begann Tatze, verzweifelt zu wimmern. „Was tut sie da? Ist Mami verrückt geworden?"

Flaum löste sich als Erste aus ihrer Starre. „Sie verschafft uns eine Chance, ihr Dummköpfe", quiekte sie. „Rennt!" Sie wirbelte herum und flitzte los. Auch die Jägerin lief jetzt davon, allerdings in die entgegengesetzte Richtung und nicht besonders schnell. Dabei drehte sie immer wieder den Kopf, um zu überprüfen, ob die Löwen ihr hinterherkamen. Einer nahm wirklich die Verfolgung auf, doch der andere achtete gar nicht auf sie. Sein Blick klebte förmlich an den kleinen Gepardenbrüdern, die wie gelähmt nebeneinanderhockten. Als der Löwe sich in Bewegung setzte, konnte Schatten sich endlich wieder rühren. Blindlings floh er ins Grasmeer hinaus, ohne zu wissen, ob Tatze ihm folgte. Auch nach seiner Mutter durfte er sich nicht umsehen, wenn er keine Zeit verlieren wollte, und Flaum war schon lange verschwunden.

Zum ersten Mal in seinem Leben war Schatten auf sich allein gestellt.

5. Kapitel

Gepunktete Beute

Schatten rannte schneller als je zuvor. Der Wind pfiff ihm um die Ohren, und seine Muskeln schmerzten von der ungewohnten Anstrengung. Trotzdem ahnte er, dass er einem Löwen unmöglich davonlaufen konnte. Dafür waren seine Beine noch viel zu kurz! Und machte er nicht erst recht auf sich aufmerksam, wenn er durch das raschelnde Gras stürmte?

Obwohl er lieber so weit wie möglich geflohen wäre, stoppte er und kauerte sich zusammen. Den Bauch fest auf die Erde gedrückt, wartete er einen entsetzlichen Moment lang ab. Als nichts geschah, lugte er zitternd zwischen den Halmen hervor.

Der Löwe stand nur ein kleines Stück entfernt und schaute sich um. Er hatte seine Beute aus den Augen verloren, aber er würde sie sicher leicht aufstöbern können. Mit hängendem Unterkiefer trottete er los und kam Schattens Versteck immer näher ...

„He, suchst du vielleicht mich?!"

Der Löwe schnellte herum. Da kam auch schon die Jägerin angeprescht – den anderen Löwen hatte sie offenbar in der Ferne abgeschüttelt. Todesmutig stürzte sie sich nun auf seinen Gefährten und versetzte ihm einen Hieb mit der Vorderpfote. Das war endgültig zu viel! Der Löwe brüllte und schnappte nach ihr, aber sie wich in letzter Sekunde aus. Wutentbrannt versuchte der Löwe einen weiteren Angriff, und die Jägerin schlug abermals einen Haken, sodass seine Kraft ins Leere verpuffte.

Sie macht ihn müde, dachte Schatten ungläubig. *Sie schafft es, ihm seine Stärke zu rauben, und gleichzeitig führt sie ihn von mir weg!*

Sein ganzer Körper bebte vor Angst, während er bei diesem gefährlichen Spiel zuschaute. Nach und nach verschwammen die beiden Raubkatzen mit der flimmernden Luft und dem Gelb der Savanne. Dann war Schatten allein. Verloren in einer drückenden, gewaltigen Stille.

Mit wackligen Pfoten richtete er sich auf und holte

tief Luft. „Mama?“, piepste er leise. Danach etwas lauter: „Taatze?“ Und zuletzt mit einem schrillen Quietschen: „FLAAA-HAU…“

„Sei bloß still!“

Noch nie hatte das Fauchen seiner Schwester so schön geklungen! Durch das hohe Gras kam sie auf ihn zugewackelt, und er sauste ihr entgegen. Ihr kleines Gesicht wirkte grimmig, aber Schatten wusste, dass sie sich genauso verloren gefühlt hatte wie er. Schnell leckte er ihr den wolligen Hals. „Ein Glück“, japste er. „Ich dachte schon, der Löwe hätte dich erwischt!“

„Pah, dafür ist er doch nicht schlau genug“, zirpte Flaum, ehe sie erschrocken die Augen aufriss. „Wo ist denn Tatze abgeblieben? Und Mama hab ich auch lange nicht gesehen, du vielleicht?“

Schatten antwortete nicht. Die Sorge um seine Familie ließ ihn jetzt genauso erstarren wie die Furcht vor den Löwen. Still hockten er und Flaum nebeneinander, bis aus der Ferne ein Geräusch zu ihnen schallte. Die Töne drangen geradewegs in Schattens Brust und brachten sein Herz zum Hüpfen: *„Ai! Ai!“*

Flaum und er wechselten einen Blick, dann stürmten sie los. Mit hohem Tschilpen antworteten sie auf den

Ruf, bis sie ihre Mutter entdeckt hatten. Sie saß auf einem Termitenhügel und stieß immer wieder ihr typisches kurzes Jaulen aus. Als Schatten und Flaum an ihr hochsprangen, reagierte sie kaum. Sie konnte sich nicht freuen, solange eines ihrer Kinder fehlte. Unermüdlich rief sie weiter, während die beiden kleinen Geparde sich zu ihren Füßen aneinanderschmiegten.

„Es wird dunkel", wisperte Flaum. „Wenn die Nacht kommt, findet er uns nicht mehr."

Am liebsten hätte Schatten auch *Sei bloß still!* zu ihr gesagt, aber er wusste, dass sie recht hatte. Die Dunkelheit, nach der er sich immer so gesehnt hatte, war jetzt Tatzes Feind. Und die Jägerin konnte auch nicht ewig auf dem Termitenhügel sitzen bleiben. Was, wenn noch mehr Raubtiere vorbeikämen?

„Tatze hat von uns dreien die längsten Beine", miaute Schatten in dem kläglichen Versuch, sich selbst Mut zu machen. „Er kann bestimmt auch am schnellsten rennen, und deswegen war er am weitesten weg."

„*Ist* er denn weggerannt?" Flaum drehte den Kopf, um ihn fragend anzuschauen, und Schatten kniff ganz fest die Augen zu. Er wusste es nicht. Alles, was er denken konnte, war: *Wenn er jetzt auftaucht, lasse ich ihn nie wieder im Stich. Dann schubse ich ihn auch nicht mehr, wenn er mich im Schlaf tritt. Oder wenn er schnarcht. Und er bekommt immer die allerbesten Leckerbissen ...*

„*Ai!*", rief die Jägerin noch einmal, dann senkte sie den Kopf. „Gehen wir", gurrte sie leise. „Für die Nacht brauchen wir ein neues Versteck."

„Aber –"

„Kein Aber, Schatten. Morgen suchen wir weiter." Mit seltsam schwerfälligen Schritten trottete die Jägerin los, dann wandte sie sich noch einmal um. „Und hör bitte auf zu piepsen!"

„Aber –"

„Ich hab gesagt, kein Aber, Schatten!"

„ABER", maunzte Schatten, so laut er konnte, „das war ich doch gar nicht!"

Die Jägerin zuckte zusammen. Plötzlich war ihre Schwerfälligkeit wie weggefegt. Sie machte einen Satz und landete mitten im nächsten Busch, wo sie einen Moment lang verborgen blieb. Als sie wieder zum Vorschein kam, trug sie eine zappelnde Beute im Maul.

Eine gepunktete Beute ... mit übergroßen Pfoten.

„Aua, Mami! Nicht! Ich bin schon zu schwer, um getragen zu werden!"

Schatten und Flaum quietschten vor Freude. Sie stürzten sich auf Tatze, den die Jägerin wieder losgelassen hatte, und leckten ihn stürmisch ab. „Wo warst du denn so lange?", fiepte Flaum und ging dazu über, ihren Bruder zu zwicken. „Wir wären vor Angst fast gestorben, du Antilopenköttel!"

„Hab gedacht, ich bleib noch eine Weile versteckt", nuschelte Tatze verlegen. „Zur Sicherheit, meine ich. Aber als es dunkel wurde, ist mir eingefallen, dass ich auch mal rufen könnte ..."

„Er hat ja gesagt, seine Weisheit kommt in der Nacht", lachte Schatten und drückte seinen Bruder beinahe zu Brei.

Dass er immer die besten Leckerbissen bekommt, hätte ich vielleicht nicht versprechen sollen, schoss es ihm durch den Kopf. *Aber im Stich lassen werde ich ihn wirklich nie, niemals, solange wir leben!* – Und das würde bestimmt noch sehr lange sein. Was sollte einem schon passieren, wenn man eine Mama hatte, die gegen Löwen gewann?

6. Kapitel

Ein nächtliches Versprechen

In dieser Nacht kamen Schatten die Sterne besonders nahe vor. Sie schienen direkt über der Jägerin zu tanzen, die neben ihren Kindern saß. Flaum und Tatze schliefen bereits – Tatze schnarchte natürlich –, aber Schatten geisterten noch viel zu viele Fragen im Kopf herum. Erstaunt wandte seine Mutter sich zu ihm, als er leise zirpte: „Mama? Was ist eigentlich mit diesen Löwen passiert?"

„Was soll denn mit ihnen passiert sein?", entgegnete sie. „Übrigens ist schon lange Schlafenszeit, also leg dich hin!"

„Na ja, hast du sie plattgemacht?", bohrte er nach, ohne sich zu rühren.

Das Sternenlicht spiegelte sich in den Augen seiner Mutter, als sie den Kopf zur Seite legte. „Natürlich nicht! Ich habe sie hinter mir hergelockt, bis sie müde wurden und keine Lust mehr hatten. Dann konnte ich ihnen zum Glück entkommen."

Schatten zog die Nase kraus. Wie gern hätte er jetzt eine abenteuerliche Geschichte von seiner Mutter gehört! „Aber du *hättest* sie plattmachen können, oder?", beharrte er.

„Nein, Schatten. Keine Chance", antwortete die Jägerin ruhig. „Mein Körper ist einfach nicht dazu geschaffen, im Kampf gegen einen Löwen zu bestehen. Oder gegen irgendeinen anderen Feind. Darum ergreifen wir auch immer die Flucht, wenn ein Raubtier sich unserer Beute nähert. Wir dürfen nicht riskieren, verletzt zu werden! Wer verletzt ist, kann nicht jagen – und wer nicht jagen kann, verhungert."

Das musste Schatten erst mal verdauen. „Du ... Du hast dich doch auf die Löwen gestürzt, ohne zu zögern!", stammelte er. „Als wärst du ganz sicher, dass du sie besiegen würdest!"

„Ja, weil ich euch nur auf diese Weise retten konnte. Der Trick besteht darin, so zu tun, als hätte man überhaupt keine Angst. Dann halten sie dich für gefährlicher, als du bist. In Wirklichkeit wären weder meine Muskeln noch meine Zähne und Klauen stark genug, um ihnen ernsthaft zu schaden." Die Jägerin legte sich ins Gras, aber sie ließ ihren Sohn nicht aus den Augen.

Schatten war wie vom Donner gerührt. Er konnte nicht glauben, was seine Mama ihm da verraten hatte! Das war also der Grund dafür, dass sie ihre Beute jedem vorbeiziehenden Räuber überlassen mussten? Die Erkenntnis wirkte so niederschmetternd, dass ihm die Sterne auf einmal blass und glanzlos vorkamen. Bisher hatte er geglaubt, alles könnte sich verändern, wenn die Jägerin nur ein bisschen tapferer wäre. Heute hatte sie gezeigt, dass sogar sehr viel Tapferkeit in ihr schlummerte – aber es machte keinen Unterschied. Schwache Zähne und Klauen konnte man nicht wegzaubern, ganz egal wie mutig man auch sein mochte. Nicht einmal das magischste Futter würde dagegen helfen!

Nachdem Schatten eine Weile keinen Pieps von sich gegeben hatte, fuhr ihm die Jägerin mit ihrer rauen Zunge über den Kopf. „Das war es schon? Keine weiteren Fragen?", schnurrte sie mit sanftem Spott. „Willst du denn nicht wissen, *warum* unsere Körper so beschaffen sind?"

Schatten fiepte schwach. „Weil das Leben verflixt ungerecht ist?"

Belustigt kniff die Jägerin ihm ins Ohr. „Könnte schon sein, aber es gibt noch einen anderen Grund. Einen viel, viel besseren, den du bald kennenlernen wirst!"

„Ach ja?" Immer noch hockte Schatten wie ein Häufchen Elend vor ihr. „Wo denn, hier im Gebüsch?"

„Unsinn! Ich habe keine Lust, wieder diesen Löwen zu begegnen, also dürfen wir gar nicht hierbleiben. Außerdem werdet ihr schon zu groß für eine Kinderstube. Ich konnte Tatze heute wirklich kaum mehr heben!"

„Weil der am meisten trinkt und am schnellsten frisst", murrte Schatten. „Jetzt hab ich blöderweise auch noch geschworen, dass ich ihm immer die besten …" Er stockte, während er endlich begriff, was seine Mutter gesagt hatte. Ein ungläubiges Quieken entfuhr ihm, und er richtete sich wieder auf. „Heißt das, wir dürfen dich ab morgen begleiten?!"

„Genau das heißt es, mein kleiner großer Fragensteller." Seine Mutter gab ihm einen Schubs, sodass er zwischen seinen Geschwistern landete. Als sie auf ihn herabschaute, funkelten ihre Augen mit den Sternen um die Wette. „Morgen gehen wir zusammen auf Wanderschaft", flüsterte sie ihm zu. „Dann seht ihr mich zum ersten Mal bei der Jagd."

7. Kapitel

Ein hoher Preis fürs Fliegen

Auf Wanderschaft lernte Schatten zuallererst, dass die Welt unfassbar riesig sein musste. Man konnte laufen und laufen, bis einem die Pfoten wehtaten; dann gab es eine kurze Pause, und wenn es anschließend weiterging, war immer noch jede Menge Welt übrig! Außerdem wimmelte es darin nur so von den verschiedensten Tieren. Schon am ersten Tag sah Schatten mehr Pflanzenfresser als in seinem ganzen bisherigen Leben. Waren die etwa alle Beute? Dann brauchte man ja niemals Hunger zu leiden!

„Jagst du das?", fragte er aufgeregt, als sie an einem Wasserloch vorbeikamen.

Seine Mutter schnaubte. „Ein Nashorn? Nein!"

„Und die dort drüben?"

„Auch keine Giraffen!"

„Aber was ist mit denen da? Die sehen aus, als könnten sie einen richtig satt machen!", jubelte Schatten.

„Und lecker", fügte Tatze sehnsüchtig hinzu. „Vor allem der Dicke da ..."

Die Jägerin stoppte und schaute ihre Kinder an, als wären sie neugeborene Welpen. „Das", sagte sie langsam, „sind *Elefanten*. Kein Raubtier der Welt könnte die erlegen. Unsere Beute sollte nicht viel größer sein als ich, versteht ihr? Und selbst dann muss ich ein Tier auswählen, das alt oder schwach und am besten auch noch sehr unaufmerksam ist."

Langsam dämmerte Schatten, dass Jagen doch nicht so einfach war wie gedacht. Mit knurrendem Magen trottete er seiner Mutter hinterher, bis sie einen besonders hohen Termitenhügel gefunden hatte. Sie nahm darauf Platz, und die Welpen ließen sich neben sie fallen. Dann passierte lange Zeit gar nichts. Das Sonnenlicht schien im Fell der Jägerin zu glühen, während sie reglos in die Savanne blickte.

„Ich wette, es gibt hier gar keine passende Beute", murrte Schatten.

„Ich wette, Mama ist eingeschlafen", fiepte Flaum.

„Ich wette, ich bin schon verhungert!", jaulte Tatze und erntete einen strafenden Blick von der Jägerin.

„Pst! Wer keine Ruhe gibt, wird nie etwas fangen."

Schatten sackte in sich zusammen. Ruhegeben war genau das, was er am schlechtesten konnte! Die Kinderstube hatte ihn und seine Geschwister ja nicht nur vor Feinden verborgen, sondern auch vor den Blicken möglicher Beutetiere. Jetzt wären sie schon aus der Ferne gut zu erkennen, wenn sie zappelten ... Darum hielt Schatten erschrocken die Luft an, als seine Mutter sich plötzlich duckte. Was hatte sie entdeckt? Angestrengt starrten alle Welpen auf die gleißend helle Ebene hinaus. Zum ersten Mal ahnte Schatten, dass die schwarzen Linien in ihren Gesichtern mehr waren als ein ulkiges Muster: Sie umgaben ihre Augen mit genügend Dunkelheit, um sie vor der Sonne zu schützen.

„Da, seht ihr?", piepste er. „Pflanzenfresser. Nicht zu groß, nicht zu dick ..."

„Impala-Antilopen", sagte die Jägerin knapp. „Und jetzt keinen Mucks mehr!" Mit einer fließenden Bewegung schlich sie den Hügel hinunter und näherte sich der Herde – so langsam, dass Schatten glaubte, sie würde die Impalas niemals erreichen. Den Kopf hielt sie dabei vollkommen starr. Hatte sie bereits ein Beutetier ausgewählt, an dem ihr Blick nun haftete? Ein altes oder krankes vielleicht? Besonders unaufmerksam konnte es nicht sein, denn die Jägerin nutzte jede Möglichkeit, um sich zu verstecken. Leider wuchs auf dem letzten Stück des Weges kein einziger Strauch. Mit wild pochendem Herzen beobachtete Schatten, wie seine Mutter sich flach auf die Erde sinken ließ. Ihr Fell verschmolz mit den goldenen Halmen, und Schatten sah nur noch ihre Ohren. Trotzdem blickte eine der Impalas in ihre Richtung, als hätte sie die Nähe der Raubkatze gespürt.

So ein Pech! Schatten musste sich beherrschen, um nicht jämmerlich zu quietschen. Jetzt würde die Herde davonlaufen, und sie mussten ihre Wanderung mit leeren Mägen fortsetzen. Enttäuscht wollte er den Hügel hinunterklettern, doch zu seiner Verblüffung lag die Jägerin immer noch wie angewurzelt im Gras. Sie rührte keinen Muskel, und auch die Zeit schien einen Moment lang stillzustehen ... Dann wandte die Impala sich wieder ab. Sie hatte die Gefahr nicht erkannt! Seelenruhig fraß sie weiter, und die Jägerin nutzte sofort ihre Chance. Sie kroch beinahe auf dem Bauch, bis sie die Herde fast erreicht hatte. Ein Warnschrei ertönte inmitten der Impalas – *und die Jägerin begann zu fliegen.*

Jedenfalls sah es für Schatten genau so aus. Seine Mutter schoss auf die Herde zu, und ihre Pfoten berührten kaum noch die Erde. Ihr Körper streckte sich unfassbar weit, zog sich zusammen, schnellte wieder auseinander.

Mit wenigen Sprüngen war sie direkt hinter einer Impala, die im Zickzack davonpreschte. Aber wie oft sie auch die Richtung wechselte, die Jägerin ließ sich nicht abschütteln. Ihr Schwanz peitschte zur Seite und hielt die Balance, während sie sich in die Kurven warf. Dann reckte sie eine Pfote nach vorn und brachte die Impala mit einem Hieb aus dem Gleichgewicht. Jägerin und Gejagte verschwanden in einer Staubwolke. Es dauerte lange, bis sich der Schleier verzogen hatte. Endlich sah Schatten seine Mutter auf dem Boden kauern. Sie hielt ihre Beute an der Kehle gepackt, und keine der beiden bewegte sich.

Erst jetzt konnte Schatten wieder richtig Luft holen. Er drehte den Kopf und sah, dass seine Geschwister die Jagd ebenso gebannt beobachtet hatten wie er. „Unsere Mami", flüsterte Tatze, „ist der Wahnsinn."

Flaum zögerte nicht länger. Sie flitzte den Hügel hinunter, und die Brüder liefen hinterher. Dabei fühlte Schatten sich immer noch seltsam benebelt. Fast, als hätte er das alles nur geträumt.

„Fangt an zu fressen", keuchte die Jägerin, als ihre Kinder sie erreicht hatten. „Ich muss mich erst einen Moment ausruhen."

Tatze und Flaum stürzten sich gierig auf die Beute, doch Schatten konnte die Augen nicht von seiner Mama abwenden. Ihre Flanken bebten, und sie hechelte stark. Kein Wunder nach diesem unglaublichen Sprint! Aber wie hatte sie genügend Luft bekommen, während sie ihre Beute zwischen den Zähnen hielt? War ihre Schnauze vielleicht extra für dieses Kunststück gemacht – und bot sie deshalb zu wenig Platz für ein größeres Gebiss?

Auf einmal musste Schatten an das Gespräch unter dem Sternenhimmel denken. Wie von selbst wanderte sein Blick vom Maul seiner Mutter zu ihren langen, schlanken Pfoten. Ihre Krallen waren kurz und stumpf geschliffen, weil sie immer ein Stück weit aus den Zehen hervorragten. Gegen die Pranken eines Löwen hatten sie keine Chance, aber Schatten begriff, dass sie gar nicht anders sein durften. Nur so geriet die Jägerin nicht ins Schleudern, wenn sie um die Kurve raste!

Schwache Zähne und Klauen, erinnerte er sich. Das war also der Preis dafür, fliegen zu können ...

„Mama?", platzte er heraus. „Sind Geparde bessere Jäger als Löwen?"

Seine Mutter richtete sich auf. Sie war immer noch außer Atem, aber ihre Haltung wirkte jetzt selbstbewusst und stolz. „Das sind wir allerdings", sagte sie. „Viel bessere. Darum müssen wir auch nicht gegen andere um unsere Beute kämpfen oder Aas fressen, von dem man krank werden könnte. Wir sorgen schon dafür, dass wir volle Bäuche haben! Wenn es sein muss, jagen wir eben mehrmals am Tag." Dann machte sie sich über die Impala her, und Schatten beeilte sich, ebenfalls ein paar Bissen hinunterzuschlingen. Trotzdem war

er noch lange nicht satt, als seine Mutter zum Aufbruch drängte.

„Hyänen", warnte sie, während in der Ferne schrilles Jaulen und Gekicher erklang. „Ich schätze, sie haben mich beobachtet. Nichts wie weg!"

Sie rannten, bis sie zu einem geschützten Platz zwischen einigen Sträuchern kamen. Dort ließ die Jägerin sich nieder und begann, ihre Kinder gründlich zu putzen. „Keine Sorge", schnurrte sie. „Ihr bekommt später eine zweite Portion."

Die Geschwister fiepten begeistert, doch Schatten stimmte nicht mit ein. Seine Mama würde also ein zweites Mal unermüdlich in die Ferne starren, sich geduldig anpirschen und dann rennen, bis sie völlig erledigt war. Zum Glück konnte sie das besser als alle anderen, aber es war trotzdem nicht fair!

„Wenn ich groß bin, will ich genauso schnell sein wie du", zirpte Flaum und rollte sich vor den Pfoten der Jägerin zusammen.

„Wenn *ich* groß bin, will ich genauso leckere Beute machen", seufzte Tatze zufrieden.

„Und du, mein Söhnchen?" Sanft stupste die Jägerin Schatten mit der Nase an.

„Weiß nicht", piepste er, aber das war gelogen. Er hatte soeben einen felsenfesten Entschluss gefasst: Wenn er groß war, wollte er sich an seiner Beute richtig satt fressen. In aller Ruhe und ohne sich von irgendwem stören zu lassen! Zugegeben, er hatte noch keine Ahnung, wie er das schaffen sollte. Vielleicht war sein Wunsch auch unbescheiden – oder sogar verrückt.

Aber wer sagt denn, dass man das nicht sein darf?, dachte Schatten. Geparde waren Vierbeiner, und trotzdem sah es aus, als könnten sie fliegen. Ein bisschen Verrücktheit passte doch wunderbar dazu!

8. Kapitel

Der Unterricht beginnt

Die Zeit verging, und die Welt begann, sich zu verändern.

Zuerst bekam Schatten das gar nicht richtig mit. Vielleicht lag es daran, dass er und seine Geschwister sich selbst rasend schnell veränderten. Ihre silbrige Kindermähne fiel aus, als sie drei Monate alt waren, und sie wurden ihrer Mutter immer ähnlicher. Nur im Nacken blieb ein wenig Struwwelfell zurück, das bei den Geschwistern hell war und bei Schatten schwarz wie die Nacht. Außerdem hatte er einen dichteren Pelz als die anderen, was in der Sommerhitze schon etwas lästig sein konnte. Aber Schatten dachte kaum darüber nach. Viel spannender fand er es, dass sie nun alle längere, geschicktere Beine bekamen! Am liebsten hätten die Welpen pausenlos gespielt, und das Leben schien ein einziges großes Vergnügen zu sein:

Flaum lernte, dass sie ihre Brüder zu Fall bringen konnte, wenn sie ihnen im Laufen gegen die Beine schlug. Sie war begeistert – die Brüder weniger, bis sie endlich dasselbe Kunststück zustande brachten und genüsslich Rache nahmen.

Schatten kam auf die Idee, einigen Warzenschwein-Ferkeln vor ihrem Bau aufzulauern. An diesem Tag war er sehr, *sehr* glücklich darüber, dass er schon so schnell rennen konnte. Die Warzenschwein-Mutter war nämlich eine gemeine Spielverderberin und scheuchte ihn vor sich her, bis die Jägerin ihn rettete.

Und Tatze fand heraus, dass er auf Bäume klettern konnte. Hinauf, wohlgemerkt; nicht hinunter. „Mamiiiii!", kreischte er und zappelte in einer niedrigen Astgabel. „Komm mich hooolen!"

Aber diesmal blieb die Jägerin seelenruhig sitzen. „Das musst du schon selbst schaffen, mein Lieber", schnurrte sie. „Ich bin zu schwer, um einen geraden Stamm hochzuklettern. Überhaupt klettert ein erwachsener Gepard nur, um Ausschau zu halten, und dann lieber auf einen Hügel."

„Ich halte ja Ausscha-*aah*..." Tatze plumpste wenig

elegant neben ihr ins Gras. „-au!", quiekte er vorwurfsvoll. „Wollte gucken, ob da irgendwo feine Beute herumläuft, jawohl!"

„Und?" Schatten, der gerade seine Schwester um den Baum gejagt hatte, streckte den Kopf hinter dem Stamm hervor.

„Nix." Bekümmert kletterte Tatze nun auf seine Mutter und nagte ein bisschen an ihrem Ohr. Die Sache mit der Beute schien nicht mehr so einfach zu sein wie früher. Seit ihrem Aufbruch aus der Kinderstube war es nicht nur immer wärmer geworden, sondern auch immer nasser: Die Welpen erlebten ihre erste Regenzeit. Anfangs hatte Schatten geglaubt, das würde nur bedeuten, sich während kurzer, heftiger Schauer zusammenzukuscheln und einander die Tropfen aus dem Fell zu lecken. Aber nach und nach wurde ihm bewusst, dass der Regen zaubern konnte. Wo vorher nur verdorrtes, weißlich gelbes Gras gestanden hatte, war es plötzlich grün, und die Pflanzenfresser drängten sich nicht mehr an den Wasserlöchern zusammen. Stattdessen verteilten sie sich in der ganzen, riesigen, grün gefärbten Welt. So wurde es verflixt schwierig, sie aufzuspüren!

„Mamilein ...?", tschilpte Tatze mit seiner süßesten

Babyvogelstimme und rutschte zum Bauch seiner Mutter. Aber sie wusste schon, was er vorhatte, und blockierte den Weg schnell mit ihren Pfoten.

„Ihr wollt doch bald richtige Jäger werden, oder?", fragte sie. „Dann muss auch mal Schluss sein mit dem Milchtrinken!"

„*Ich* würde ja was fangen", behauptete Flaum und reckte sich. „Wenn Pflanzenfresser mit der richtigen Größe in der Nähe wären, dann ..."

„Ja, was dann?" Ohne eine Antwort abzuwarten, erhob sich die Jägerin und ging los. Verwirrt trotteten die Welpen hinterher, weil sie gelernt hatten, auf jede Tätigkeit ihrer Mutter zu reagieren: Wenn sie lauschte, stoppten sie ihre Rangeleien und spitzten die Ohren; wenn sie rannte, flohen sie mit ihr; und wenn sie zu schleichen begann, hielten sie sich versteckt, um bei der Jagd nicht zu stören. Diesmal fand Schatten das Benehmen seiner Mama allerdings rätselhaft. Sie sah aus, als wäre sie einer interessanten Sache auf der Spur, aber sie pirschte nicht wie sonst. „Lektion Nummer eins", sagte sie, während sie witternd voranging. „Nur, weil ihr keine Beutetiere sehen könnt, bedeutet das nicht, dass keine da sind. Und Lektion Nummer zwei – wartet mal." Sie machte ein paar weite Sprünge, und ihre Kinder blieben ratlos zurück.

„Was ist Lektion Nummer zwei?", fragte Schatten.

„Dass man durchs Gras hopsen kann", meinte Tatze. „Komisch, das wusste ich schon. Vielleicht kommt es darauf an, *wie* man hopst ..." Nachdenklich hopste er herum, bis Flaum an ihm vorbeizischte. Sie hatte als Erste bemerkt, dass die Jägerin ihnen einen auffordernden Blick zuwarf. Noch ehe Schatten sie einholen konnte, ahnte er, dass etwas Besonderes im Gange war. Flaum war plötzlich stehen geblieben und starrte auf etwas, das vor ihr im Gras lag.

„Bitte sehr", hörte er seine Mutter gurren. „Nun zeigt mir doch mal eure Jagdkünste!"

Dann sah Schatten *Lektion Nummer zwei*: ein zusammengekauertes Bündel, das irgendwann ein richtiger Pflanzenfresser werden könnte. Jetzt war es allerdings noch sehr klein. Genau die richtige Größe für Gepardenkinder – nur dass diese Gepardenkinder vor Verblüffung gar nicht wussten, was sie tun sollten.

„Kann es sich bewegen?", hauchte Flaum.

„Natürlich", sagte die Jägerin ruhig. Sie hatte sich ein Stück entfernt hingesetzt, als ginge sie die kleine Antilope überhaupt nichts an. „Wir fressen kein Aas, schon vergessen?"

Im nächsten Moment sprang das Kalb auf. Es schien sich daran erinnert zu haben, dass es lange, flinke Beine hatte, auch wenn es noch nicht sonderlich geübt im Laufen war. Aber es musste jedenfalls nicht liegen bleiben und sich von Geparden anglotzen lassen!

Kaum war das Kalb losgelaufen, spürte Schatten, wie seine Ratlosigkeit verschwand. Er stürmte der Antilope hinterher und patschte ihr aufs Hinterteil. „Hab dich!", jubelte er.

„Hab dich auch!", rief Flaum und beeilte sich, es ihrem Bruder nachzumachen. Das war vielleicht ein Spaß! Alle drei Welpen quiekten vor Freude, aber seltsam: Das Kalb schien anderer Meinung zu sein. Nachdem es mehrmals gepatscht worden war, entschied es, nicht länger mitzumachen. Es klappte die Beine ein, duckte sich – und schlagartig war das Interesse der kleinen Geparde erloschen.

„Es tut ja gar nichts", murrte Flaum.

„Wer?", fragte Schatten gedankenverloren.

„Seht mal, Elefantenköttel!", rief Tatze und schnüffelte in die falsche Richtung.

Die Jägerin machte immer noch keine Anstalten, sich einzumischen. „Kinder, habt ihr nicht etwas vergessen?", meinte sie nur, und drei Paar Kulleraugen sahen sie erstaunt an.

„Was denn?", fragte Schatten.

„Die riechen so gut!", meldete Tatze, während er eine der braunen Kugeln herumrollte.

Nur Flaum schien zu dämmern, dass sie eigentlich etwas Wichtiges zu erledigen hätten. Pflichtschuldig suchte sie nach dem Bündel im Gras, aber es war schon zu spät. Die Antilope hatte ihre Chance erkannt. Blitzschnell sprang sie wieder auf, und ehe der Jagdinstinkt der Welpen zurückkehrte, war sie im nahen Gestrüpp verschwunden.

Bestürzt saßen die Geschwister zwischen den Elefantenkötteln. „Die ist weggerannt", wimmerte Tatze, als könnte er nicht fassen, dass eine Antilope zu solchen Gemeinheiten fähig war. Flaum stieß ein empörtes Fauchen aus,

und Schatten war das Ganze furchtbar peinlich. Kleinlaut schielte er zu seiner Mutter. Würde sie jetzt mit ihnen schimpfen? Doch zu seiner Verblüffung wirkte die Jägerin kein bisschen verärgert.

„Kopf hoch, ihr Lieben“, sagte sie. „Niemand hat behauptet, dass Jagen einfach wäre, auch wenn es manchmal so aussieht. Bis zu eurer ersten eigenen Beute ist es noch ein weiter Weg! Aber zum Glück übt ihr ja schon jeden Tag.“

„Tun wir?“, piepste Tatze zweifelnd.

„Natürlich. Wenn ihr Fangen spielt, euch gegenseitig auflauert und zu Fall bringt ... Das alles wird euch später beim Jagen nützlich sein.“

Tatze machte große Augen. „Spielen?“, fragte er und schien plötzlich wieder sehr zufrieden mit sich zu sein. „Spielen kann ich. Dann werde ich also bald eigene Beute machen!“

„Irgendwann bestimmt.“ Vergnügt wandte die Jägerin sich zum Gehen, aber Schatten war noch nicht beruhigt. Er holte seine Mutter ein und sprang seitlich an ihr hoch.

„Wann genau?“, tschilpte er. „Wie lange dauert es, alles Wichtige zu lernen?“

Die Jägerin dachte nach. „Wenn die Regenzeit vorbei ist", sagte sie schließlich.

„Oh, na gut", seufzte Schatten.

„Und die nächste Trockenzeit", fuhr die Jägerin fort.

Schatten klappte das Maul auf. „Was?!"

„Und ein Stück von der nächsten Regenzeit", beendete die Jägerin ihren Satz und leckte Schatten über den Kopf.

Der starrte sie erschüttert an. „Erst in der nächsten Regenzeit werden wir gute Jäger sein?", ächzte er in der schwachen Hoffnung, dass er sich bloß verhört hatte. Das würde ja bedeuten, dass er ein ganzes Jahr lang warten müsste – und er konnte sich nicht einmal vorstellen, dass es so viel Zeit überhaupt gab!

„Ach, mein Söhnchen", gurrte seine Mutter halb tröstend, halb schelmisch. „Es stimmt, bis dahin mache ich Jäger aus euch. Fest versprochen! Aber von *guten* Jägern hat noch keiner was gesagt."

9. Kapitel

Endlich Erfolg

Schatten brauchte lange, um diesen Schreck zu verdauen. Irgendwie hatte er gehofft, Jagen läge ihm einfach im Blut. Die Nachricht, dass er es mühsam erlernen sollte, traf ihn wie ein plötzlicher Regenguss. Nein, noch viel schlimmer, denn an den Regen hatte er sich bald gewöhnt. Wenn die Familie sich abends zusammenkuschelte, war das Gras oft nass, und am wolkenverhangenen Himmel sah man keinen einzigen Stern. Trotzdem blieb Schatten jedes Mal länger wach als seine Geschwister. Abend für Abend setzte er sich so gerade wie möglich hin und fragte sehnsüchtig: „Wann werde ich endlich ein Jäger sein?"

Seine Mutter betrachtete ihn dann mit schief gelegtem Kopf. Wahrscheinlich dachte sie daran, dass ihre Kinder am vergangenen Tag blindlings in eine Herde gestürzt waren, ohne vorher ein passendes Tier auszuwählen. Oder dass sie beim Anpirschen herumgealbert hatten, sodass man sie schon aus der Ferne hören konnte.

„Morgen vielleicht“, sagte sie. „Und jetzt schlaf!“
Also schmiegte Schatten sich an seine Geschwister und schlummerte einem neuen Tag entgegen, an dem es wieder eine Menge zu lernen gab.

Die Nächte wurden kühler, der Regen hörte auf. Unter dem klaren Sternenhimmel der Trockenzeit vergaß Schatten schließlich seine Frage. Sie fiel ihm erst später wieder ein – später, als er bereits all seine Milchzähne verloren und ein richtiges Gebiss bekommen hatte.

Später, als der Regen zurückgekehrt war.

In jener Nacht riss ihn ein Donnergrollen aus dem Schlaf. Weder Tatze noch Flaum ließen sich davon stören, aber Schatten saß im nächsten Moment hoch aufgerichtet neben seiner Mutter. Die alte Frage schoss aus ihm heraus: „Mama, wann werde ich endlich ein richtiger Jäger sein?“

Seine Mutter hatte noch nicht geschlafen. Regungslos schaute sie ins weite Grasmeer, das wieder grün und üppig geworden war. „Morgen ...“, begann sie. Dann stockte sie und sah Schatten an. „... vielleicht?“, ergänzte er.

„Ja. Vielleicht morgen“, stimmte seine Mutter zu, aber es war ihm nicht entgangen, dass sie gezögert hatte.

Etwas Seltsames lag in der Luft. War Mama verärgert, weil er nicht schlief?

„Ich weiß, es ist schon spät", sagte Schatten hastig, „und wir stellen in der Nacht keine Fragen. Das ist nicht der Weg der Geparde, hab ich recht?"

Immer noch schien die Jägerin aus ihren großen, rotbraunen Augen direkt in ihn hineinzublicken. „Nein, ist es wirklich nicht", antwortete sie langsam. „Aber, Schatten ... Vielleicht wirst du dich nicht immer an den Weg der Geparde halten können. Dann musst du deinen eigenen Weg finden." Sie leckte ihm zärtlich die Wange, und auf einmal merkte Schatten, dass sie beide gleich groß waren. Möglicherweise überragte er seine Mutter sogar um ein kleines Stück! Fast wäre er deswegen erschrocken. Wann war denn das passiert?

Doch bevor er etwas sagen konnte, wurden die Bewegungen der Jägerin energischer. Sie putzte ihn wie früher als kleinen Welpen, und dabei schimpfte sie: „Wie verfilzt du bist! Geparde halten sich immer sauber, merk dir das. Gerade du mit deinem dichten Fell ... Und jetzt schlaf!"

Gehorsam legte Schatten sich nieder. Die schwüle Luft machte ihn müde, und als er die Augen schloss, hatte er die seltsame Stimmung bereits vergessen. Auch am nächsten Morgen verlor er keinen Gedanken daran – vor allem, weil er dadurch geweckt wurde, dass Flaum ihn in den Nacken kniff.

„Aufstehen!“, zirpte sie schrill. „Los, ich hab Hunger!“

Obwohl sie unter den Geschwistern inzwischen die Kleinste war, gab sie immer noch gern den Ton an. Tatze wurde ebenfalls wachgezwickt, dann machte sich die Familie auf den Weg. An diesem Tag ließ die Jägerin ihre Kinder über die Richtung entscheiden. Sie hatte bisher so viel Verantwortung getragen, dass sie bestimmt froh war, endlich etwas davon abzugeben. Also suchten Flaum, Tatze und Schatten nach möglicher Beute, aber sie hatten kein Glück. Bei ihrem ersten Jagdversuch hüpften ihnen die Springböcke vor den Nasen davon, und dann begann es wieder zu donnern.

„Jetzt schon?“, stöhnte Flaum. „Ich dachte, wir hätten wenigstens bis zum Nachmittag Zeit!“ Wütend schlug sie nach den Tropfen, die gleich darauf vom Himmel fielen. Wolkenberge ballten sich über ihnen zusammen, und schon bald goss es in Strömen. Noch dazu peitschten heftige Windböen den Regen vor sich her. Schatten duckte sich – und schnellte wieder hoch.

„Wartet mal!“, rief er über das Prasseln und Donnergrollen hinweg. „Mir ist gerade was eingefallen. Wir sind ja noch nicht besonders gut im Anschleichen, oder?“

Flaum schaute ihn durch die Regenschleier böse an. „Bei mir geht es schon einigermaßen“, sagte sie. „Aber ihr zwei trampelt herum wie Elefanten!“

„Schön wär's“, murmelte Tatze bekümmert. „Wenn Elefanten wollen, können die echt super leise sein ...“

Ungeduldig stampfte Schatten mit den Vorderpfoten, dass es spritzte. „Nun passt doch mal auf! Ich glaube, die Pflanzenfresser würden uns bei diesem Gewitter viel schlechter sehen und hören als sonst. Sollten wir nicht genau jetzt noch einen Versuch starten?“

Flaum überlegte kurz. „Vielleicht hast du recht“, sagte sie widerwillig. „Aber diesmal wartet ihr auf mein Signal, anstatt einfach loszurennen!“

Schatten zwang sich, nicht zu widersprechen. Seine Schwester war von ihnen dreien die Geschickteste, das musste er ihr lassen. Sofort übernahm sie die Führung, und sie streiften von einem Aussichtshügel zum nächsten, während pausenlos der Regen fiel. Insgeheim hätte Schatten sich viel lieber irgendwo verkrochen. Sein Pelz war triefend nass, und die Tropfen rollten ihm in die Augen. Doch das alles spürte er nicht mehr, als sie gegen Mittag ein paar dunkle Gestalten in der Ferne entdeckten.

Es war eine Gruppe männlicher Impalas. Fragend spähte Schatten zu Flaum hinüber, die jedes der Tiere genau betrachtete. Männchen wogen mehr als Weibchen und hatten außerdem spitze Hörner, aber jetzt sahen sie kein bisschen wehrhaft aus. Still ließen sie das Gewitter über sich ergehen, ohne sich jemals umzublicken. Eines der Tiere hielt seinen Kopf besonders tief gesenkt.

Es wirkte müde und ausgezehrt ... Vermutlich war es alt oder krank.

„Der?", hauchte Schatten.

Flaum antwortete nicht, doch ihr Körper spannte sich an. Mit gestrecktem Hals begann sie zu schleichen, und ihre Schritte wurden vom Regen vollkommen übertönt. Tatze lief ihr eifrig hinterher, während Schatten seiner Mutter einen Blick zuwarf. *Kommst du?*, fragte er mit den Augen.

Sie ließ sich unter einem Busch nieder. *Nein, mein Söhnchen. Ihr zeigt mir jetzt, was ihr könnt!*

Da pirschte auch Schatten los. Obwohl er vor Aufregung zitterte, versuchte er, sich ganz ruhig und fließend zu bewegen.

Seine Geschwister waren inzwischen bis auf wenige Gepardenlängen an die Impalas herangekommen. Der gebrechliche Bock zuckte noch nicht einmal mit den Ohren, doch einer seiner Herdenbrüder war aufmerksamer. Er hob den Kopf, und im selben Moment schoss Flaum nach vorn.

Natürlich hatte sie *kein* Signal gegeben, aber sie schien auch keine Hilfe zu brauchen. Mit gewaltigen Sprüngen erreichte sie das auserwählte Tier, das viel zu spät die Flucht ergriff. Wasser spritzte hoch, als die beiden um ein paar scharfe Kurven flogen. Dann versetzte Flaum ihrer Beute einen Hieb, wie sie es tausendmal an ihren Brüdern geübt hatte. Der Bock strauchelte – und blieb stehen. Flaum hatte ihn am Hals gepackt, doch sosehr sie auch zerrte, sie konnte ihn nicht zu Fall bringen. Er senkte nur wieder den Kopf, und seine Hörner kamen ihr gefährlich nahe.

Schatten preschte an Tatze vorbei. „Signal oder nicht, jetzt kommen wir!" Sein Bruder folgte ihm, und sie hängten sich von beiden Seiten an den Bock. Mit vereinten Kräften schafften sie es, die Beute niederzuringen. Flaum biss wieder zu, und diesmal erwischte sie die Kehle an genau der richtigen Stelle.

Als der Bock sich nicht mehr rührte, merkte Schatten, wie still es geworden war. Der Regen hatte aufgehört, und ein paar Sonnenstrahlen durchbrachen die Wolkendecke. In ihrem goldenen Licht sahen die Geschwister einander ungläubig an.

„Wir haben es geschafft!", japste Flaum.

Schatten blinzelte. „Hast du *wir* gesagt?", neckte er sie.

„Nur, weil ich vor lauter Hunger verwirrt bin. – Glotzt nicht, fresst lieber!", gab Flaum zurück und klang schon wieder genau wie sonst. Glücklich machten sie sich über ihre Beute her, als wären sie tatsächlich am Verhungern gewesen. Noch nie hatte irgendetwas so gut geschmeckt! Am liebsten hätte Schatten den gesamten Bock verschlungen, doch er wusste, dass ihnen dafür nicht genug Zeit blieb. Über ihren Köpfen kreisten bereits die Geier.

„Du solltest auch schnell fressen", sagte er zu seiner Mutter, ohne sich umzudrehen. Die Jägerin ließ ihren Jungen meistens den Vortritt und hielt nach Feinden Ausschau, bis alle drei eine ordentliche Portion verdrückt hatten. Schatten staunte immer, dass sie ihren Appetit so gut zügeln konnte. Aber diesmal wartete sie eindeutig zu lang.

„Au ja, Mami, das *musst* du probieren!" Tatze klang so stolz, als hätte er Antilopenfleisch erfunden. Trotzdem machte die Jägerin keine Anstalten, sich an dem Festmahl zu beteiligen. Nun drehte Schatten doch den Kopf und hielt nach ihr Ausschau. Saß sie etwa immer noch unter dem Busch?

„*Ai!*", rief er und stellte fest, dass er dieses Geräusch schon genauso gut hinbekam wie sie.

Keine Antwort.

Wieder stieß Schatten ein kurzes Jaulen aus, und seine Geschwister fielen mit ein. Gemeinsam riefen sie nach ihrer Mutter, bis Flaum zu fauchen begann. „Verflixt, da kommen Hyänen. Auffälliger hätten wir uns ja gar nicht benehmen können! Schnell, lasst uns abhauen!"

„Und Mami?", protestierte Tatze. „Wir können ihr doch nicht einfach davonlaufen!"

Flaum zögerte. Zur Abwechslung wirkte sie verunsichert, und Schatten durchschaute die Lage zuerst. Alles ergab auf einmal Sinn: die seltsame Stimmung der vergangenen Nacht, der forschende Blick seiner Mutter und dass sie heute die ganze Zeit im Hintergrund geblieben war …

„Wir laufen Mama nicht davon“, brach es aus ihm hervor, während die Hyänen gierig näher kamen. „*Sie* ist diejenige, die gegangen ist.“

Tatze zuckte verwirrt mit den Ohren. „Du meinst, sie hat alles verpasst? Sie hat nicht mal gesehen, dass wir unsere erste eigene Beute gemacht haben?!“

„Doch, sie hat uns genau beobachtet“, antwortete Schatten leise. „Und sie ist gegangen, weil …“ Er stockte und holte tief Luft. „… weil wir ab heute richtige Jäger sind.“

Bevor die anderen reagieren konnten, rannte er los. Fort von den Hyänen und fort von der Stelle, an der er seine Mutter zum letzten Mal gesehen hatte. Am liebsten wäre er auch vor der Traurigkeit geflohen, die sich kalt und schwer um sein Herz legte. So lange hatte er auf diesen Tag gewartet, aber jetzt war der Stolz über ihren Erfolg wie weggeblasen!

Als die Hyänen außer Hörweite waren, holten seine Geschwister ihn ein. Tatze kauerte sich im nassen Gras zusammen wie ein verängstigter Welpe. „Was sollen wir denn jetzt machen?“, klagte er.

Auch Schatten hatte sich lange nicht mehr so hilflos gefühlt. Flaum hingegen war wieder ganz die Alte. „Na, was wohl!", schimpfte sie. „Mama hat uns alles beigebracht, was wir brauchen. Dachtet ihr, sie würde uns für immer beschützen und bedienen? Jetzt können wir endlich zeigen, was wir von ihr gelernt haben. Also Kopf hoch, ihr Antilopenköttel!" Sie zwickte Schatten ins Ohr, und da fühlte er sich gleich ein wenig besser. Er verstand sogar, warum die Jägerin sich nicht verabschiedet hatte. Ihre Kinder hätten versucht, ihr nachzulaufen, und dadurch wäre die Trennung bestimmt nicht leichter geworden. Also war sie auf dieselbe Weise fortgegangen, wie sie auch alles andere tat – leise und unauffällig.

Es ist in Ordnung, Mama, dachte Schatten und blickte in die Ferne, als könnte er seine Mutter dort noch irgendwo laufen sehen. *Du folgst dem Weg der Geparde, und wir suchen jetzt unseren eigenen Weg.*

Tief in seinem Inneren begann es zu kribbeln. Nach und nach breitete sich das Gefühl immer weiter aus und ließ seine Sorgen verschwinden. Die Zukunft lag vor ihm wie das Grasmeer der Savanne: riesengroß, voller Geheimnisse und Abenteuer. Was sollte man da anderes tun, als sich direkt hineinzustürzen?

10. Kapitel

Auf ins Ungewisse

Schatten dachte oft an seine Mutter. Er vermisste ihren Duft, ihre Weisheit und ihr beruhigendes Schnurren, doch nach und nach gewöhnte er sich an ein Leben ohne sie. Vielleicht lag es daran, dass er schon so groß und tapfer war – vielleicht, *ganz* vielleicht hatte es auch damit zu tun, dass seine Schwester sich jetzt um alles kümmerte.

„Flaum ist wie Mami, nur fieser", gähnte Tatze, wenn er und Schatten grob aus dem Schlaf gerissen wurden. Flaum entschied, wann es morgens Zeit zum Aufbrechen war, und sie bestimmte die Richtung. Die Brüder hüteten sich, dagegen zu protestieren, denn Flaum machte auch die meiste Beute. Oder, nun ja, eigentlich machte sie *alle* Beute. Leider waren das oft nur Hasen oder Vögel, von denen man kaum satt wurde. Aber wenn es nicht reichte, konnte Flaum ja mehrmals pro Tag jagen gehen! So ließ es sich durchaus leben, fand Schatten – und er war ehrlich verblüfft, als ihm klarwurde, dass seine Schwester irgendwie unzufrieden war.

„Sagt mal, was treibt ihr eigentlich die ganze Zeit?!", fragte sie eines Tages gereizt, nachdem ihr die Brüder wieder einen Großteil der Beute weggefressen hatten.

Schatten leckte ihr freundlich die Wangen sauber. „Auf Bäume klettern. Wir müssen herausfinden, wann wir es nicht mehr können."

„Ihr könnt es jetzt schon nicht", sagte Flaum ungnädig. „Jeder Leopard würde sich bei eurem Anblick totlachen!"

Davon ließ Schatten sich nicht beirren. „Außerdem haben wir gestern ein Nashorn gejagt", fuhr er fort. „Tatze konnte ihm voll auf den Hintern patschen!"

„Und?"

„Nichts", gab Schatten zu. „Aber das war ungewöhnlich mutig von ihm."

Geschmeichelt begann Tatze zu schnurren. „Dafür hat Schatten mit einem Stachelschwein gestritten und *beinahe* gewonnen!"

„Das heißt, er hat verloren?"

„Stachelschweine sind furchtbar", verkündete Schatten

feierlich. „Lasst euch niemals auf einen Streit mit denen ein! Hab ich extra für euch getestet."

Aber Flaum schien nicht sonderlich dankbar zu sein. „Nichts von dem, was ihr aufführt, würde ich je tun", schnaubte sie. „Weil es nämlich totaler Quatsch und Zeitverschwendung ist! Wieso versucht ihr zur Abwechslung nicht auch mal, was Vernünftiges zu jagen?"

Tatze und Schatten wechselten einen Blick. Darüber hatten sie noch nie richtig nachgedacht. „Wir können das einfach nicht so gut wie du", meinte Schatten schließlich, und Tatze ergänzte: „Liebstes, bestes Flaumilein!"

„Ihr könnt mehr, als ihr denkt", fauchte „Flaumilein", verzog sich für ein Mittagsschläfchen unter einen Baum und ließ ihre Brüder ziemlich ratlos zurück.

„Hat sie uns beleidigt?", fragte Schatten.

„Es klang so", murmelte Tatze, „aber sie hat *nicht* Antilopenköttel gesagt."

Zur Sicherheit versuchten die Brüder, sich in der folgenden Zeit etwas besser zu benehmen. Trotzdem wirkte Flaum weiterhin gereizt. Nie spielte sie mit ihnen, und Schatten fand, dass sie noch viel öfter in die Ferne starrte als notwendig. War es Beute, nach der sie Ausschau hielt, oder etwas ganz anderes?

Und dann, an einem klaren Morgen zu Beginn der Trockenzeit, war Flaum verschwunden. Niemand zwickte die Brüder wach, niemand putzte ihnen unsanft das Fell. Tatze rief nach ihr, aber Schatten wusste sofort, dass das keinen Zweck hatte. Es war genau wie an dem Tag, als die Jägerin gegangen war – nur dass Schatten diesmal kein bisschen Verständnis aufbringen konnte. Im Gegenteil, er war fuchsteufelswild.

„Wie konnte sie einfach abhauen?", schimpfte er. „Wir drei waren doch ein Team, da macht man so etwas nicht!"

Tatze hatte zu rufen aufgehört. Er lag im Gras und leckte bekümmert an seinen Pfoten. „Na ja", nuschelte er, „ich glaub ... Flaum will bald ihr eigenes Team haben."

„Blödsinn. Wer sollte denn besser zu ihr passen als wir?" Schatten stockte und schaute seinen Bruder an, als hätte der sich plötzlich in ein Warzenschwein verwandelt. „Du meinst doch nicht etwa – Babys?!", fragte er fassungslos. „Aber das

wäre ja total verrückt! Es ist schon schwierig genug, für sich selbst genügend Futter zu beschaffen. Wie will sie sich dann auch noch um andere kümmern?"

Tatze blinzelte zu ihm hoch. „Ähem", machte er, und da begriff Schatten, dass Flaum in den letzten Monaten genau das getan hatte. Eine Weile blieben die Brüder stumm, voller Bewunderung für ihre tapfere, fleißige, mies gelaunte Schwester. Schließlich fragte Tatze zaghaft: „Aber *du* wirst nicht einfach weggehen, oder, Schatten? Weil sonst ... Sonst bin ich furchtbar böse auf dich."

„Das würde ich dann gar nicht mitbekommen, also wär's mir egal", brummte Schatten, immer noch geknickt über das Schrumpfen ihres Teams.

„He!", fiepte Tatze, und Schatten gab ihm einen spielerischen Klaps.

„Natürlich bleib ich bei dir. Für immer und ewig, du ..."

„Antilopenköttel", ergänzte Tatze erleichtert.

Die Brüder rauften ein bisschen, um ihre Traurigkeit zu vertreiben, dann machten sie sich auf den Weg. *Irgendwie*, dachte Schatten, *geht es immer weiter, solange man nicht den Mut verliert.* Aber während er mit seinem Bruder ins Ungewisse zog, ahnte er, dass es von nun an sehr viel schwerer werden würde.

11. Kapitel

Schrecklich dumme Entscheidungen

Geduckt pirschte Schatten durchs Gras. Die Halme bildeten einen Vorhang, der mit jedem seiner Schritte dünner wurde. Anfangs konnte er die Bewegungen der Springböcke nur erahnen: das Wedeln der kurzen Schwänze, das Zucken ihrer Ohren und wie sich einer von ihnen mit dem Hinterbein kratzte. Dann wurden die Umrisse deutlicher. Schattens Muskeln spannten sich an, während er seine ganze Kraft zusammennahm.

Diesmal schaffe ich es, dachte er. *Sie werden flüchten, aber sie haben keine Chance. Erst bringe ich einen von ihnen zum Stolpern, und dann ...*

Mit einem Ruck drehte sich einer der Springböcke zu ihm. Verflixt! Hals über Kopf spurtete Schatten los, aber der Springbock dachte gar nicht daran, wie erwartet zu flüchten. Stattdessen federte er hoch in die Luft, mit krummem Rücken und durchgestreckten Beinen. Wie eine übergroße Heuschrecke hüpfte er durchs Gras

und war auf diese Art ganz bestimmt langsamer, als wenn er einfach gerannt wäre. Aber das Risiko nahm er in Kauf, um ordentlich anzugeben. Es sah aus, als würde er trällern:

„Schau doch mal, wie toll ich bin – so stark und schnell und schlau!

Die Jagd auf mich hat keinen Sinn – das siehst du doch genau!"

„Ätschi-bätsch, ätschi-bätsch!", schienen nun auch die anderen zu spotten und hüpften genauso frech hinterher. Vor lauter Wut hätte Schatten beinahe in seinen eigenen Schwanz gebissen. Die Springböcke hatten recht, er würde keinen von ihnen erwischen. Dafür war er zu früh losgerannt, aus zu großer Entfernung, und er hatte kein passendes Opfer ausgewählt. Lauter Anfängerfehler! Wie sollten die Springböcke ihn da ernst nehmen? Nur leider war es echt schwierig, keine Fehler zu machen, wenn man riesigen Hunger hatte.

Seit Flaums Verschwinden gab es keinen Abend, an dem die Brüder sich nicht mit knurrenden Mägen schlafen legten. Schatten wusste, dass sie eigentlich schnell genug gewesen wären; immerhin waren sie nun schon fast ausgewachsene Kater. Aber es fehlte ihnen eindeutig an Erfahrung. *Von guten Jägern hat noch keiner was gesagt*, erinnerte sich Schatten an die Worte seiner Mutter, und er musste zugeben: Er war kein guter Jäger. Noch nicht mal ein mittelguter. Um genau zu sein, jagte er kaum besser als ein Dornenbusch.

Tatze stellte sich kein bisschen geschickter an. Mit vereinten Kräften erwischten die Brüder hin und wieder einen verschlafenen Hasen oder eine klapprige alte Gazelle, aber selbst dann konnten sie sich nicht satt fressen. Jedes Mal kam schon nach ein paar Bissen irgendein anderer, der sicher nicht so hungrig war wie sie, und schnappte ihnen die Beute weg.

So wurden sie immer schwächer und hatten beim Jagen immer weniger Erfolg – ein Teufelskreis.

„Ich glaub, ich bin innendrin schon ganz hohl", stöhnte Tatze. „Wahrscheinlich hätte sogar ein Elefant in mir Platz. Der könnte einfach in mein Maul spazieren und ... He, warum guckst du so?"

Schatten, der eben noch erschöpft neben seinem Bruder gelegen hatte, setzte sich kerzengerade auf. „Vielleicht hast du recht", sagte er.

„Äh, nein, hab ich nicht. Elefanten machen so was nicht, Schatten", belehrte ihn Tatze.

Ungeduldig peitschte Schatten mit dem Schwanz. „Ich meine, dass wir vielleicht etwas Größeres jagen sollten als Springböcke! Die sind sowieso zu schnell. Aber gestern hab ich in der Nähe Gnus gesehen. Probieren wir es doch mal mit denen!"

Tatze wirkte nicht überzeugt. „Mami hat gesagt, unsere Beute muss weniger wiegen als wir", meinte er zögernd.

„Wenn es so weitergeht, wiegen wir bald gar nichts mehr", gab Schatten zurück. „Wir haben keine Kraft für viele weitere Versuche, oder? Also jagen wir jetzt etwas, das sich wirklich lohnt!"

„Aber ... Aber Gnus sind riesig", stammelte Tatze,

der seine Elefantenträume anscheinend schon wieder vergessen hatte.

„Eben. Die rechnen bestimmt nicht damit, dass wir ihnen gefährlich werden. Ein super Überraschungseffekt!" Schatten marschierte los, geradewegs zu dem Wasserloch, an dem er die Gnuherde vermutete. Der Hunger trieb ihn an – und hatte seine Mama nicht gesagt, er würde seinen eigenen Weg finden? Dann musste er auch mal was riskieren, für sich und seinen Bruder!

Seine Zuversicht wuchs, als er kurz darauf tatsächlich einige Gnus erblickte. Sie waren locker um das Wasserloch verteilt und grasten entspannt vor sich hin. Es schienen keine Löwen in der Nähe zu sein und auch sonst keine Raubtiere, vor denen sie sich fürchten mussten.

Glaubt ihr jedenfalls, dachte Schatten. Er warf Tatze einen Blick zu, und der blinzelte nervös. Trotzdem ging er genau wie Schatten in Deckung, um die Herde prüfend zu beobachten. Es dauerte nicht lange, bis sie ihre Wahl getroffen hatten: ein Kalb, das schon groß genug war, um sich daran richtig satt zu fressen. Satt genug, dass es vielleicht für mehrere Tage ausreichte! Sehnsüchtig stellte Schatten sich vor, wie er und Tatze sorglos durch die Savanne streifen würden. Er atmete tief durch, dann schlich er mit raschen Schritten in Richtung der Herde.

Es war keine sehr gelungene Pirsch, das merkte er selbst. Die Jägerin hatte ihnen eingeschärft, dass man sich der Beute langsam nähern musste, quälend langsam sogar, um möglichst dicht an sie heranzukommen. Verfolgungsjagden über weite Strecken waren pure Energieverschwendung, und am Ende musste man meistens vor Erschöpfung aufgeben.

Doch Schatten fehlte vor lauter Hunger die Geduld. Zum Glück hätte er auch ohne jede Vorsicht zum Wasserloch spazieren können, denn die Gnus achteten sowieso nicht auf ihn. Seelenruhig rupften sie an den trockenen Halmen, bis Schatten das Kalb fast erreicht hatte. Jetzt oder nie! Er stellte sich vor, wie er seine unsichtbaren Gepardenflügel entfaltete ... wie er sie weit, weit nach beiden Seiten streckte ... und er flog. Dem Kalb gelangen nur ein paar Sprünge, dann hatte er es gepackt. Ja, gepackt, denn zum Stolpernlassen war es noch zu sicher auf den Beinen. Trotzdem glaubte Schatten fest daran, dass er gewinnen würde. Er hängte sich mit seinem ganzen Gewicht an das bockende Gnu, während er in Gedanken nach seinem Bruder schrie: *TATZE! JETZT WÄRE EIN GUTER MOMENT, UM MIR ZU HELFEN!*

Aber Tatze kam nicht. Schatten hörte ihn nur aufgeregt quieken, und er begriff zu spät, dass es ein Warnruf sein sollte. Dann näherte sich ein Donnern. Aus dem Augenwinkel sah Schatten einen braunen Fleck auf sich zurasen, und er lernte eine wichtige Lektion: Kälber hatten fast immer Mütter, die es gar nicht mochten, wenn man ihre Kinder fraß.

Später wusste Schatten selbst nicht, wie er so dumm

hatte sein können. Obwohl er merkte, in was für einer Gefahr er schwebte, gab er das Kalb nicht sofort frei. Kostbare Augenblicke verstrichen, in denen er sich mit dem Mut der Verzweiflung an seine Beute klammerte. Da senkte die Gnumutter zornig den Kopf und ging auf ihn los.

12. Kapitel

Schmerzen und Hunger

„Wer verletzt ist, kann nicht jagen – und wer nicht jagen kann, verhungert."

Die Worte der Jägerin hallten mahnend durch Schattens Gedächtnis. So viel hatte sie ihm und seinen Geschwistern beigebracht: dass man aufpassen musste, von einem fallenden Pflanzenfresser nicht mitgerissen zu werden. Wie wichtig es war, sich vor Hörnern und Hufen in Acht zu nehmen. Und vor allem, dass ein großes, schweres Beutetier im schlimmsten Fall auch ein großer, schwerer Angreifer werden konnte ... Doch sie hatte ihn nie davor gewarnt, was für schlechte Entscheidungen man mit leerem Magen traf.

Panisch versuchte Schatten jetzt, dem wütenden Gnu auszuweichen – viel zu spät. Zwar konnte er in letzter Sekunde den mächtigen Hörnern entgehen, doch leider hatten Gnus gleich *zwei* gefährliche Enden. Die Gnumutter machte eine halbe Drehung, buckelte, trat mit voller Wucht nach hinten aus. Ihre Hufe trafen Schatten so fest in die Seite, dass er ein Stück durch die Luft geschleudert wurde. Definitiv nicht die Art, wie Geparde fliegen sollten! Schatten landete auf der harten Erde, und eine Staubwolke vernebelte ihm die Sicht. Während er regungslos liegen blieb, spürte er, wie der Boden unter ihm erzitterte: Die Herde galoppierte davon.

Dann tauchte das erschrockene Gesicht seines Bruders über ihm auf. „Oje, oje", fiepte Tatze. „Tut dir was weh? Hast du dich verletzt?"

Schatten musste nicht lange überlegen. *Ja, und wie. Verdammtes Gnu!* Aber das konnte er dem ängstlichen Tatze unmöglich verraten. „Nein", keuchte er. „Ist nicht so schlimm. Wahrscheinlich muss ich nur ein bisschen ausruhen."

„Aber doch nicht direkt am Wasserloch, sonst finden uns vielleicht ein paar Löwen! Komm mit!" Tatze lief vorneweg, und Schatten folgte ihm mühsam. Er war froh, dass sein Bruder nicht sehen konnte, wie stark er humpelte. Bei jedem Schritt fuhr ein scharfer Schmerz durch seine Rippen. Erleichtert ließ er sich unter den Busch fallen, den Tatze ausgewählt hatte, und streckte alle viere von sich. „Bin gleich wieder fit", murmelte er. „Such schon mal nach der nächsten Beute ..."

Aber Tatze legte sich dicht neben ihn und begann, ihm das Fell zu lecken. Dabei schnurrte er so laut, dass es bis tief in Schattens schmerzende Knochen vibrierte.

„Was machst du da?", brachte Schatten angestrengt hervor.

„Ich schnurre, damit es dir besser geht. Ich schnurre dich gesund!"

„Sieh lieber zu, dass du deinen Magen füllst", sagte Schatten schroff. Er war zu erschöpft und zu kaputt für Freundlichkeit, doch Tatze ließ sich nicht beirren.

„Geht nicht", schnurrte er bloß. „Es sind keine Pflanzenfresser mehr in der Nähe."

„Dann wandere doch dorthin, wo es welche gibt!"

„Nein. Du hast gesagt, du bleibst für immer und ewig bei mir, oder, Schatten? Dann bleib ich auch für immer und ewig bei dir."

Schatten wollte gern antworten, dass das ganz schön dämlich war. Und dass dieses Für-immer-und-ewig viel kürzer sein könnte als gedacht – aber er hatte keine Kraft mehr. Außerdem fand er es insgeheim schön, dass Tatze bei ihm blieb: ein fester, warmer Körper, auf den er sich verlassen konnte, während alles andere verschwamm. Die Schmerzen umhüllten ihn wie dichter Nebel. Bald hatte Schatten keine Ahnung mehr, wie lange er schon unter diesem Busch lag. Es wurde dunkel und hell und wieder dunkel ... Oder kam ihm das nur so vor, weil seine Augen immer wieder zufielen? Im Halbschlaf erinnerte er sich an die Jägerin, an ihren Duft, ihre tröstliche warme Zunge. Manchmal dachte er sogar an den Geschmack ihrer Milch, obwohl er die so lange nicht mehr bekommen hatte.

Wer nicht jagen kann, verhungert.

War es das, was gerade mit ihnen passierte? Verhungern? Schatten merkte, dass sich das leere Gefühl in seinem Bauch verändert hatte. Zuerst hatte es ihn nervös gemacht, später leichtsinnig, aber jetzt war er nur noch unendlich müde. Er wusste, dass sein Körper eigentlich mehr Energie gebraucht hätte als sonst, um zu heilen. Stattdessen gab es gar keine Energie mehr, weder zum Leben noch zum Gesundwerden. Und blöderweise ging wohl das eine nicht ohne das andere.

„Bist du noch da?", brummte er ab und zu, wenn er Tatzes Atem nicht mehr im Nacken spürte.

„Immer", kam es schnurrend zurück, und er schloss wieder die Augen. Bis zum nächsten Mal.

„Bist du noch da? Tatze?" Schatten öffnete die Augen, und diese winzige Bewegung kostete ihn viel zu viel Kraft. Trotzdem bemühte er sich, den Kopf zu drehen. Der Platz neben ihm war leer. Sogar noch leerer als sein Bauch. Nie war irgendetwas so leer gewesen wie die Stelle, an der kein Tatze mehr lag.

Die plötzliche Einsamkeit raubte Schatten fast den Atem. Für einen Moment betäubte sie sogar seinen Schmerz, weil sie tausendmal schlimmer war als kaputte Rippen. „Na endlich", brummte er ins schreckliche Nichts, als hätte er nur darauf gewartet, dass sein Bruder ihn verließ. „Kluge Entscheidung. Bei dir kommt die Weisheit immer ein bisschen später, aber sie kommt ..."

„Findest du? Danke! Find ich auch!", tschilpte es hinter ihm.

Schatten fuhr herum – ein böser Fehler. Glühend meldete sich der Schmerz zurück, aber das war egal.

Hauptsache, Schatten hatte wieder jemanden, mit dem er schimpfen konnte! „Bist du verrückt?", fauchte er seinen Bruder an, der mit seltsam zufriedener Miene auf ihn herunterschaute. „Warum trödelst du denn immer noch hier herum? Ich dachte, du wärst endlich weitergezogen!"

„Aber Schatten", rügte Tatze ihn sanft, „jetzt bist du ein bisschen dumm. Ich hab doch gesagt, ich lass dich nicht allein! Musste nur schnell was zu futtern holen."

„Du musstest *was*?!"

Tatze kam offenbar zu dem Schluss, dass sein Bruder gerade schwer von Begriff war. Also sparte er sich weitere Erklärungen und verschwand stattdessen noch einmal aus Schattens Blickfeld. Kurze Zeit später war er wieder da, ächzend und schnaufend, und zerrte etwas unter den Busch.

Schatten traute seinen Augen nicht. „Ist das Fleisch?", hauchte er, während sich sein Magen zusammenkrampfte. „Wo, um alles in der Welt, hast du das her?"

„Gefangen." Einen Moment lang hielt Tatze dem fassungslosen Blick seines Bruders stand,

ehe er einknickte. „Na schön, gefunden", gab er zu. „Es lag ganz in der Nähe, und niemand hat sich drum gekümmert. Schon klar, Geparde fressen kein Aas ... Aber es riecht echt gut, und du sagst doch selbst immer, dass man auch mal vom Weg der Geparde abweichen kann!"

„Schau nur, wohin mich das geführt hat", gab Schatten bitter zurück. Misstrauisch schnupperte er an der halben Gazelle, und er musste Tatze recht geben: Sie duftete köstlich. Sogar, wenn er den Geruch tief in sein aufgeklapptes Maul saugte und ihn zugleich mit seiner Nase und seinem Gaumen prüfte. Trotzdem zwang er sich, noch einmal zu protestieren: „Aas kann einen krank machen, das weißt du genau ..."

„Aber du bist ja schon krank", entgegnete Tatze. „Was sollte also passieren?"

Schatten schluckte. Tatsächlich würde irgendwann *gar nichts* mehr passieren, wenn er nicht bald etwas fraß. Also schob er alle Bedenken beiseite und schlug seine Zähne in das Fleisch. Ach, wie sehr hatte er das vermisst! Zum ersten Mal seit langer, langer Zeit hatte er wieder das Gefühl, dass Futter magisch sein könnte. Er fraß, bis er nichts mehr herunterbekam, und kippte dann einfach

zur Seite. Der folgende Schlaf war so tief, dass ihn weder Träume noch Schmerzen störten. Schatten lag da wie tot, aber sein Körper machte sich endlich an die Arbeit: Er heilte. Das wusste Schatten sofort, als er am frühen Morgen wieder zu sich kam.

„Wie fühlst du dich?", fragte Tatze, der hellwach neben ihm saß. Ein ungewöhnlicher Anblick, denn Tatze war normalerweise ein Langschläfer.

„Miserabel", stöhnte Schatten und lachte dann über die erschrockene Miene seines Bruders. „Aber immerhin gut genug, dass ich es zugeben kann. Die Rippen werden beim Laufen noch verdammt wehtun, so viel ist sicher."

„Das heißt, du kannst wieder laufen?"

„Denke schon. Wieso?" Irgendetwas an Tatze war eigenartig. Er drehte die Ohren hin und her, als würde er lauschen, und sein Nackenfell war gesträubt. Vorsichtig rappelte Schatten sich hoch, um den Kopf an seinem Bruder zu reiben. „He, du musst keine Angst mehr haben. Mir geht es doch viel besser! Wenn ich noch einmal ordentlich fresse, bin ich sicher wieder ganz der Alte."

„Ja ... sicher", stimmte Tatze zu, aber er sah Schatten dabei nicht an. Sein Blick huschte nervös in alle Richtungen, während er hastig weitersprach: „Es geht um was anderes. Ich hab es für mich behalten, weil ich dich nicht aufregen wollte, und du hättest sowieso keinen einzigen Schritt machen können. Also hab ich auf dich aufgepasst und gehofft, dass nix passiert. Aber jetzt sollten wir lieber von hier verschwinden, bevor er näher kommt ..."

„Wer?" Die Anspannung seines Bruders griff auf Schatten über. Wie von selbst zogen sich seine Lefzen zurück, und auch er sträubte nun sein Fell. „Tatze, raus mit der Sprache. Wer soll nicht näher kommen?"

Tatze zuckte zusammen, als ein Windstoß durch die Zweige des Dornenstrauchs fuhr. Dann wisperte er mit großen Augen: „Ein fremder Gepard."

13. Kapitel

Streuner

Schatten dachte fieberhaft nach. Wenn die Jägerin ihnen alles beigebracht hatte, was sie wissen mussten, hatte es bestimmt auch eine Lektion über fremde Geparde gegeben. Waren die gefährlich oder nicht?

Und da fiel es ihm wieder ein: Die Geschwister hatten einmal in der Ferne eine Gestalt entdeckt, die ihrer Mutter sehr ähnlich sah. „Ein Weibchen", hatte die Jägerin damals ohne besondere Aufregung erklärt. „Wir wollen einander nicht stören. Gehen wir ihr einfach aus dem Weg!"

„Und wenn es kein Weibchen wäre?", hatte Flaum gefragt.

„Dann auch. Ich bin eine Mutter mit Kindern. Kater sind für mich zurzeit nicht interessant, sie könnten mir nur lästig sein."

Sehr bedrohlich hatte das nicht geklungen, daran erinnerte Schatten sich genau. Erleichtert atmete er auf – dann fiel ihm ein, dass er und Tatze streng genommen keine Mütter mit Kindern waren. Vielleicht war die Sache also doch komplizierter als erhofft!

„Wann hast du den Fremden denn gesehen?", fragte er Tatze, der immer noch besorgt in alle Richtungen spähte.

„Seit gestern schon mehrere Male. Ich glaub, der schleicht um uns herum." Tatze schnüffelte kurz an Schattens Seite, wie um zu überprüfen, ob die Wunde gut genug verheilt war. „Rennen wir jetzt weg?", maunzte er hoffnungsvoll.

Schatten zögerte. Es gefiel ihm nicht, dass sie auch dann flüchten sollten, wenn sie gar keine Beute gemacht hatten. Sie wurden ja schon oft genug von Räubern weggescheucht! Außerdem konnten seine Rippen noch ein bisschen Ruhe vertragen.

„Nein", entschied er, „nicht, bevor uns der Kerl irgendwie gefährlich geworden ist. Wir haben keine Angst!"

„Bist du sicher? Wenn ich gaaanz tief in mich hineinspüre, dann ..."

„Tatze!", unterbrach Schatten seinen Bruder. „Wir können nicht vor allem und jedem davonlaufen."

Tatze legte die Ohren eng an den Kopf, als wäre er da anderer Meinung. Während er sich möglichst klein machte, murmelte er etwas, das verdächtig nach *Der Weg der Geparde* klang. Auch Schatten fühlte sich längst nicht so selbstbewusst, wie er tat. In letzter Zeit waren sie viele Risiken eingegangen, und das war bestimmt nicht das, was die Jägerin sie gelehrt hatte ... Doch unter Schattens Sorge mischte sich eine ordentliche Portion Neugier. So viele Tiere hatten bereits ihren Weg gekreuzt, aber ein fremder Artgenosse war ihnen bisher noch nie nahe gekommen! Wie sehr er sich wohl von ihnen unterschied?

Um Kraft zu sammeln, döste Schatten ein bisschen, aber tief einschlafen konnte er nicht. Dafür fühlte er sich zu aufgekratzt, und Tatze rutschte die ganze Zeit unruhig neben ihm hin und her. Darum war Schatten auch sofort hellwach, als es in einem nahen Gebüsch raschelte. Wenn das ein Gepard war, musste es entweder ein sehr dummer sein – oder einer, der bemerkt werden wollte. Kein normaler, erwachsener Gepard machte beim Anschleichen so einen Lärm!

Hastig rappelte Schatten sich auf, um zu überspielen, dass er in schlechter Verfassung war. „Wer ist da?", fragte er mit einem tiefen Gurren.

Wieder raschelte es, dann schob sich eine schmale

Gestalt zwischen den Sträuchern hervor. Tatze quiekte auf. „Wir ... Mein Bruder hat keine Angst vor dir!“, rief er und drehte Hilfe suchend den Kopf. „Oder, Schatten?“

„Ganz genau“, bestätigte Schatten und peitschte mit dem Schwanz. Der Fremde war tatsächlich ein Männchen, vielleicht ein paar Monate älter als die Brüder, aber klapperdürr. Außerdem war er allein. Mit dem konnten sie locker fertigwerden – falls es zu einem Kampf kommen sollte. Ganz sicher war Schatten sich da noch nicht. Der Fremde machte weder einen besonders freundlichen noch einen feindseligen Eindruck. *Neugierig*, entschied Schatten. Vielleicht hatte dieser dürre Kerl ebenso wenig Erfahrung mit unbekannten Artgenossen wie Tatze und er.

„Streuner mein Name“, sagte er, während er sich vor ihnen niederließ, „und ihr braucht auch gar keine Angst zu haben. Das hier ist nicht mein Revier, ich verteidige es nicht. Bin nur auf der Durchreise, genau wie ihr.“ Schatten bleckte die Zähne. Es störte ihn, wie entspannt dieser Streuner sich

hingesetzt hatte. So, als wäre es vollkommen ausgeschlossen, dass er sich fürchten müsste! „Woher willst du wissen, dass wir nur auf der Durchreise sind?", fragte er mit einem leisen Fauchen.

„Ihr seid viel zu jung für ein eigenes Revier", erklärte Streuner, ohne sich einschüchtern zu lassen. „Außerdem sieht man, dass ihr in Schwierigkeiten steckt."

„Tun wir gar nicht", widersprach Schatten und richtete sich so weit auf, wie seine schmerzenden Rippen es erlaubten.

„Doch. Ihr habt Aas gefressen."

Schatten zuckte zusammen. Am liebsten wäre er unter Streuners frechem Blick im Erdboden versunken! „Hast du uns etwa beobachtet?", fauchte er, jetzt schon um einiges lauter.

„Nicht direkt euch, sondern das Aas. Eigentlich wollte *ich* mir das holen, aber dein Bruder war schneller."

Fassungslos starrte Schatten ihn an. Wie konnte man das einfach so zugeben? Tatze brauchte noch kurz, um Streuners Geständnis zu verarbeiten, dann fiel seine Angst von ihm ab. „Das ... Das heißt, du steckst selber in Schwierigkeiten!", japste er.

„Natürlich", sagte Streuner locker. „Seht mich an!

Mache ich vielleicht den Eindruck, als würde für mich alles glattlaufen?" Immer noch ohne jede Scham rekelte er sich im Gras, damit die Brüder ihn genauer betrachten konnten. Er war nicht nur fürchterlich mager, sondern auch ziemlich schmutzig. Sein Pelz war verfilzt und eines seiner Ohren verkrustet.

„Du stinkst", sagte Schatten, obwohl das ein bisschen übertrieben war.

„Tja – ich rieche nach eurer Zukunft. In ein paar Monaten wird es euch genauso dreckig gehen wie mir."

Schatten hätte ihn ins Ohr gebissen, wenn es nicht so unappetitlich gewesen wäre. Was erlaubte dieser Kerl sich eigentlich? Tatze und er waren kräftige, saubere, wohlgenährte Geparde, sie hatten rein gar nichts mit so einem räudigen Klappergestell gemeinsam! Doch während Schatten noch vor Wut schäumte, wanderte sein Blick unwillkürlich zu seinem Bruder. Tatze war unter den Geschwistern immer der Gierigste und daher auch der Stärkste gewesen. Jetzt standen seine Schultern und Beckenknochen spitz hervor. Außerdem glänzte sein Fell längst nicht mehr so wie früher, als die Jägerin es mehrmals täglich mit ihrer Zunge gestriegelt hatte. Schatten ahnte, dass er selbst mindestens genauso schlimm aussah. Es blieb eben keine Zeit für sorgfältiges Putzen, wenn man ständig verzweifelt nach Beute oder Feinden Ausschau hielt!

„Na schön, uns ging es schon mal besser", gab er widerwillig zu. „Und weiter? Bist du nur hergekommen, um uns das unter die Nase zu reiben?"

„Keineswegs." Streuner legte eine extralange Pause ein, während er sich ausgiebig kratzte. Dann sagte er: „Ich bin hier, um euch ein Angebot zu machen."

„Welches denn?", fragte Schatten gereizt. „Deine Flöhe mit uns zu teilen?"

Aber es war unmöglich, diesen Kerl zu beleidigen. „Wenn ihr wollt, gern", sagte er lässig. „Ich hoffe allerdings, dass wir noch viel mehr teilen werden als nur unser Ungeziefer. Was haltet ihr davon, wenn wir von nun an zusammen wandern?"

Schatten blieb das Maul offen stehen. Er hatte mit allem Möglichem gerechnet, besonders mit einer Rauferei, aber *das* wäre ihm niemals in den Sinn gekommen. Pflegten Geparde so etwas zu tun? Die Jägerin war allein

fortgegangen, Flaum ebenfalls. Doch Streuner hatte seinen Vorschlag so selbstverständlich gemacht, als wüsste er mehr darüber. Vielleicht war es ja eine Sache unter Geparden*jungs*, und Schatten wollte nicht zugeben, dass er keine Ahnung hatte.

„Warum sollten wir das tun?", fragte er vorsichtig.

„Erstens, weil es gemeinsam einfacher ist. Ich hatte mal eine Schwester, aber die hat sich aus dem Staub gemacht ..."

„Kennen wir", kam es wehmütig von Tatze.

Streuner blinzelte ihm zu. „Dann wisst ihr sicher auch, dass ihr als Team bessere Chancen hattet, satt zu werden. Richtig?"

„Tatze und ich sind immer noch ein Team", sagte Schatten schnell, bevor sein Bruder wieder zustimmen konnte. „Klar, wir müssen ein paar Dinge erst üben. Aber irgendwann wird alles leichter für uns!"

„Wird es nicht. Weil wir hier nämlich am falschen Ort sind. Habt ihr euch schon überlegt, wohin eure Wanderung führen soll?"

„Selbstverständlich", behauptete Schatten würdevoll. Dann sank er ein bisschen in sich zusammen. „Äh, Tatze ...?"

„Dorthin, wo es viel zu futtern gibt", seufzte Tatze, ohne nachzudenken.

Streuner sprang auf die Pfoten. „Falsch!", rief er triumphierend. „Die Antwort sollte lauten: Dorthin, wo es weniger Räuber gibt, die euch euer Futter wegnehmen! Und genau da kann ich behilflich sein." Aufgeregt begann er, vor den Brüdern hin und her zu laufen. Es sah fast wie eine Einladung zum Spielen aus, doch Schatten ahnte, dass mehr dahintersteckte. Plötzlich war der Schmerz aus seinen Rippen verschwunden, während er wie gebannt zuhörte.

„Dieses Gebiet hier ist riesig, aber nicht grenzenlos", erklärte Streuner. „Es gibt eine Mauer aus glänzenden Fäden, die uns alle einsperrt. Zusammen mit einem ekligen Haufen Löwen und Hyänen! Aber hinter dieser Fadenmauer ist es anders. Dort regieren die Geparde." Seine Augen funkelten, und sein magerer Körper bebte vor Abenteuerlust.

Schatten merkte, dass sein Herz ebenfalls schneller schlug. Er fühlte sich wie damals als Welpe, wenn er sehnsüchtig in den Sternenhimmel geblickt hatte: Etwas Großartiges, Unglaubliches schien in greifbarer Nähe zu sein. Trotzdem zeigte er noch einmal misstrauisch die Zähne. „Woher willst du das wissen?“, fragte er. Vielleicht war der Fremde ja einfach nur ein Angeber …

Doch die Begeisterung in Streuners Augen wirkte absolut echt. „Ich weiß es eben“, gurrte er, „und ich weiß auch, wo es in der Mauer ein großes Loch gibt, durch das man entwischen kann. Nehmt mich bei euch auf, und ich zeige es euch. Ich führe euch in das Reich der Geparde!“

Die Geschwister wechselten einen Blick. Schatten ahnte, dass sein Bruder am liebsten abgelehnt hätte. Das alles war zu neu, zu ungewiss. Aber Tatze hatte in den letzten Tagen deutlich gezeigt, dass er immer bei Schatten bleiben würde – ganz egal wie gefährlich es auch sein mochte.

Es wäre ein neuer Weg, schoss es Schatten durch den Kopf. *Und eine neue Gelegenheit, mutig zu sein.*

Einen Moment lang stand er noch unschlüssig vor Streuner, dann ließ er sich aufseufzend ins Gras fallen. „Also schön, machen wir das. Aber erst morgen, und nur, wenn du uns vorher was zu futtern besorgst!“

Streuner stieß ein freudiges Quieken aus. Jeder andere Gepard hätte sich jetzt wahrscheinlich mit respektvollem Abstand niedergelassen, immerhin waren sie ja noch Fremde. Aber Streuner landete mit einem Satz genau zwischen Tatze und Schatten, rieb sich an dem einen und zwickte den anderen ins Nackenfell, als würden sie einander schon ewig kennen. „Na klar, versprochen!", jauchzte er. „Einen Hasen werde ich wohl erwischen, und von jetzt an teile ich alles mit euch. Hier kommt schon mal eure Portion Flöhe!"

Verflixter Kerl, dachte Schatten, während er herzhaft zurückzwickte. Eigentlich hatte er Streuner nur als notwendiges Übel akzeptieren wollen. Sobald sie im Reich der Geparde waren, hätten sie ihn immer noch loswerden können ... Aber wenn er ganz tief in sich hineinhorchte, dann mochte er ihn schon jetzt.

14. Kapitel

Das Reich der Geparde

Schattens Gefühl hatte ihn nicht getäuscht: Es machte wirklich Spaß, zusammen mit Streuner unterwegs zu sein. Ihr neuer Freund war zwar etwas älter und dadurch auch erfahrener, aber er benahm sich trotzdem kein bisschen erwachsen. Bei jeder Rauferei mischte er fröhlich mit, und kein Baum schien ihm zu hoch. Weil er so dünn war, konnte er immer noch klettern wie ein Welpe. Als er wieder einmal in einer Astgabel hing, hörten die Brüder

ihn plötzlich rufen: „Da vorne ist es! An dieser Stelle kommen wir durch die Mauer!"

Tatze und Schatten reckten die Hälse. Aufgeregt starrten sie zu den unzähligen Pflöcken, die aus dem Boden ragten. Es sah aus, als hätten Spinnen lauter gigantische Netze dazwischen gewebt. Natürlich konnten alle Arten von Spinnennetzen zerstört werden, egal wie riesig sie waren: von Tieren, vom Wetter oder einfach von der Zeit. Und so klaffte auch hier eine beachtliche Lücke.

„Mir nach!", jubelte Streuner und sprang von der Akazie. Begeistert stürmte er voraus, während die Brüder sich nur langsam näher an die Lücke heranwagten.

„Da würden auch Löwen und Hyänen durchpassen", stellte Tatze unbehaglich fest. „Warum gehen die nicht auf die andere Seite?"

„Warum sollten sie?" Streuner schnupperte eifrig an den glänzenden Fäden. „Denen geht es doch super hier. Im Gegensatz zu uns haben sie auf dieser Seite nichts zu befürchten ..."

„Auf der anderen Seite vielleicht schon?" Tatzes Augen wurden vor Entsetzen riesengroß. Bestimmt dachte er darüber nach, wie furchtbar ein Wesen sein musste, wenn es sogar für Löwen gefährlich war. „Das – das klingt nicht gut, Schatten", stammelte er. „Wirklich kein bisschen. Bleiben wir lieber hier!"

Schatten antwortete nicht. Sein Blick wanderte durch die Lücke, und was er dahinter erkennen konnte, schien sich kaum von ihrer Heimat zu unterscheiden: trockenes Gras, dürre Sträucher und jede Menge Staub. Überhaupt nichts Besonderes ... trotzdem fühlte Schatten sich auf magische Weise davon angezogen. Es war fast wie damals in der Kinderstube, als er unbedingt hatte wissen wollen, was sich hinter den schützenden Sträuchern verbarg. „Wir sind schneller und schlauer als Löwen, oder?", fragte er zögernd.

„Und ob wir das sind!" Streuner sprang freudig an ihm hoch. „Lasst es uns wenigstens ausprobieren, ja? Wenn es uns nicht gefällt, können wir jederzeit zurückkehren!"

„Jederzeit?", wiederholte Tatze schrill. „O nein. Nicht, wenn uns vorher so ein Löwenfeind erwischt!"

„Wir wissen gar nicht, ob es den überhaupt gibt", versuchte Schatten, ihn zu beruhigen.

„Aber wenn doch, dann fängt er uns sicher", wimmerte Tatze.

„Ach komm ..."

„Und dann frisst er uns."

„Tatze!"

„Und dann sind wir nur noch ein paar traurige kleine Knöchelchen und kommen niiiie wieder nach Hause!" Tatze schaute drein, als fühlte er sich schon jetzt wie ein trauriges kleines Knöchelchen. Als keiner reagierte, gab er sich allerdings geschlagen. Murrend folgte er Streuner durch die Lücke, und Schatten kam als Letzter. Auf diese Weise konnten die anderen zum Glück nicht sehen, dass er nun auch ziemlich nervös wurde.

Was, wenn auf der anderen Seite wirklich ganz neue Gefahren lauerten? Dass es dort angeblich keine Löwen gab, musste nicht bedeuten, dass sie nie durch die Lücke gegangen waren. Vielleicht hatten sie einfach nicht lange überlebt ... Aber für solche Sorgen war es jetzt zu spät. „Wer als Erster Beutetiere sieht!", rief Schatten, um auf andere Gedanken zu kommen.

Gemeinsam stürmten sie los, und es dauerte nicht lange, bis sie ein paar Gazellen entdeckt hatten. Das war bestimmt nur ein Zufall, genau wie die Tatsache, dass sie sofort eine dieser Gazellen erlegen konnten. Doch dann passierte etwas Neues. Etwas *Wunderbares*. Etwas, das Schatten sich schon ewig gewünscht hatte: Sie fraßen ihre Beute vollständig auf. Kein einziges Raubtier kam in ihre Nähe, um ihnen das Futter streitig zu machen!

Dieses Wunder wiederholte sich bei ihrer zweiten Jagd und ebenso bei der dritten. Natürlich fraßen sie immer noch möglichst schnell und spähten dabei nach allen Seiten, aber sie fühlten sich mit jedem Mal sicherer. Ein bisschen erinnerte es Schatten an die Zeit, als die Jägerin sämtliche Gefahren von ihm und seinen Geschwistern ferngehalten hatte. Allerdings brauchten sie jetzt nicht in einem Versteck zu hocken, sondern wanderten durch die Gegend, wie es ihnen passte. Sie spielten und jagten und waren frei!

Wenn sie sich abends zusammenkuschelten, schnurrten sie alle vor Seligkeit um die Wette. Streuner schaffte es, immer in der Mitte zu landen, sodass er von beiden Seiten gewärmt und geputzt wurde. Das war schon in Ordnung, fand Schatten; schließlich hatten sie ihr großes Glück ihm zu verdanken. Dafür leckte er Streuner sogar das verkrustete Ohr.

Auch Tatze wurde mit dem neuen Freund geduldiger. Bisher hatte er jedes Mal protestiert, wenn Streuner irgendwo besonders hoch hinaufklettern wollte. Bei diesen Kunststücken hätten ihn ja andere Raubtiere schon aus der Ferne sehen können! Doch im Reich der Geparde musste man sich über solche Dinge offenbar keine Sorgen machen. Also drängelte Tatze nicht wie sonst, als sie am dritten Tag auf einen besonders prächtigen Kameldornbaum stießen. Er blickte Streuner sogar erwartungsvoll an und tschilpte: „Wie wär's denn mit dem da?"

Streuner folgte kurz seinem Blick, dann drehte er den Kopf weg. „Schon gut, gehen wir weiter. Ich hab gerade keine Lust."

„Bist du sicher?" Verdutzt betrachtete nun auch Schatten den Kameldornbaum. Der weit gegabelte Stamm und die dicken Äste schrien regelrecht danach, erklommen zu werden!

Aber Streuner schaute hartnäckig in die andere Richtung. „Ja, ganz sicher. Ihr sollt nicht immer auf mich warten müssen", gurrte er höflich.

Streuner – höflich? Das war fast so seltsam wie ein schüchternes Warzenschwein. „Wer bist du, und was hast du mit unserem verflohten Kumpel gemacht?", neckte ihn Schatten.

„Außerdem wirkt dieser Baum so, als könnte man superleicht abrutschen", fügte Streuner hinzu.

„Und du wirkst so, als wärst du plötzlich superfeige." Vergnügt begann Schatten, den schrägen Stamm hinaufzubalancieren. Seine Krallen waren vom vielen Rennen bereits stumpf gewetzt, aber die Kletterpartie gelang ihm trotzdem ohne Schwierigkeiten. Das hier war tatsächlich ein fabelhafter Baum! Je weiter Schatten kam, desto besser fühlte er sich. Inzwischen konnte er gut verstehen, warum die Jägerin so oft auf Termitenhügel gestiegen war. Wenn man weit oben thronte, hatte man einfach die Kontrolle: Man sah alles, und man brauchte nichts zu fürchten. Ein Gepard mit Weitblick war wie ein zufriedener, stiller König.

„Kommt doch auch!", rief er den anderen zu, als er die beste Stelle erreicht hatte. Einer der Äste wuchs beinahe waagerecht, sodass man entspannt darauf entlanglaufen konnte. „Es ist echt toll, was man von hier oben –"

Erschrocken brach er ab. Dort, ausgerechnet auf dem allerbesten Ast, hatte jemand seine Spuren hinterlassen. Braune, übel riechende Spuren. Der Gestank brannte in

Schattens Nase, und er konnte es kaum fassen, dass er ihn so lange nicht bemerkt hatte.

Im nächsten Moment begann Tatze, auf der anderen Seite des Stammes zu wimmern. „Schatten!", piepste er wie ein Vogel in Not. „Das musst du dir ansehen!"

Halb sprang, halb stürzte Schatten neben seinen Bruder und starrte auf die langen Kratzspuren in der Rinde. Auch an dieser Stelle haftete ein stechender Geruch. Es sollte zweifellos eine Botschaft sein, und plötzlich verstand Schatten sie genau.

„Das sind Markierungen", stieß er hervor. „Von zwei großen, starken Katern ... Und wir befinden uns mitten in ihrem Revier!"

15. Kapitel

Unerwünscht

Diesmal spürte Schatten nicht das kleinste bisschen Neugier auf seine Artgenossen. Ihr bedrohlicher Geruch brachte ihn zum Schaudern, und es war, als könnte er sie fauchen hören: *Verlasst unser Revier, oder ihr werdet es bitter bereuen!*

„Hauen wir ab", drängte Schatten. „Schnell, bevor die beiden zurückkommen!"

„Das will ich ja die ganze Zeit!" Streuners Ohren vollführten einen ängstlichen Tanz, während er in alle Richtungen lauschte. „Gehen wir, na los!"

Aber Schatten rührte sich nicht vom Fleck. Sein Blick wanderte von den Markierungen zu Streuner, und er kniff ein wenig die Augen zusammen. „Stimmt, du wolltest von Anfang an nicht hier stehen bleiben. Aber warum? Es sei denn, du wusstest über diesen Baum Bescheid ..."

Nervös schlug Streuner mit dem Schwanz gegen seine Flanke. „Klar wusste ich es. Sieht doch jeder, dass das ein Botschaftsbaum ist!"

„Ich hab es nicht gesehen", entgegnete Schatten. „Du vielleicht, Tatze?"

„Ich ... will bitte von hier weg", quiekte Tatze flehend. Doch Schatten richtete seine Augen wieder auf Streuner, und der wich seinem Blick aus.

„Das liegt nur daran, dass ich mich besser auskenne als ihr", nuschelte er, während er sich schnell die Schulter leckte.

„Ein bisschen *zu* gut!" Schatten machte einen Satz und landete direkt vor Streuner, der erschrocken rückwärtsstolperte. „Weißt du, was ich glaube? Du bist schon einmal hier gewesen! Deswegen wusstest du, dass es in dieser Gegend keine Löwen und Hyänen gibt – aber dafür eine ganz andere Gefahr. Und du wolltest dich mit uns zusammenschließen, damit wir dich beschützen!"

Einen Moment lang stand Streuner mit gekrümmtem Rücken da, ohne zu reagieren. Erst als Tatze leise „Streuner?" fiepte, hob er ruckartig den Kopf. „Und wenn schon!", platzte er heraus. „Dann hab ich eben Bescheid gewusst, na und? Hab ich euch etwa zu viel versprochen? Das hier ist ein fantastisches Gebiet, es ist wirklich das Reich der Geparde, und alle Reiche haben nun mal Herrscher. Hättet ihr euch eigentlich selbst denken können!"

„Wir dachten, wir könnten dir vertrauen", erwiderte Schatten eisig. Er wandte sich ab und stieß seinen Bruder in die Seite. „Komm, Tatze. Wir gehen zurück nach Hause."

Jaulend versperrte Streuner ihnen den Weg. „Ihr könnt mir ja vertrauen!", beteuerte er. „Wir sind ein Team, schon vergessen? Wir teilen alles miteinander, und zurzeit teilen wir ein richtig gutes Leben. Das dürfen wir nicht aufgeben! Seid ihr es nicht leid, ständig davonzulaufen?"

Böse starrte Schatten ihn an, ohne etwas zu erwidern. Dieser verflixte Flohpelz hatte recht: Hier zu leben, fühlte sich an wie ein wahr gewordener Traum. Aber durften sie das Risiko eingehen? Und was hätte die Jägerin wohl an ihrer Stelle getan?

Tatze riss ihn aus seinen Gedanken. „Oh", piepste er eifrig, „so was Ähnliches hast du auch mal gesagt, weißt du noch? *Wir können nicht vor allem und jedem davonlaufen.* Ich hab ganz genau aufgepasst und es mir super gemerkt!"

„Anscheinend erzähle ich viel Blödsinn, wenn der

Tag lang ist", brummte Schatten und versuchte mit aller Kraft, wütend zu bleiben.

Streuner schielte zu ihm hoch. „Und ich *mache* sehr viel Blödsinn, wenn der Tag lang ist. Deswegen passen wir ja so gut zusammen, Finsterfell!" Noch hielt er den Kopf beschwichtigend gesenkt, aber er zuckte schon wieder auf seine typische freche Art mit den Ohren. Schatten bekam große Lust, ihn ein bisschen zu verhauen. Er hob die Pfote zu einem Hieb – da schrie Tatze auf. Er klang dermaßen verängstigt, dass Schatten zusammenzuckte. Gerade wollte er seinem Bruder erklären, dass er nur Spaß gemacht hatte, als ihm der Wind eine Duftnote in die Nase blies. Sie roch so ähnlich wie die Markierungen am Botschaftsbaum, aber frischer. Lebendiger.

Entsetzt fuhr Schatten herum, und da waren sie: zwei große, männliche Geparde, die mit leicht geöffneten Mäulern näher kamen. Warum, oh warum nur hatten sie sich mit dummen Streitigkeiten aufgehalten, anstatt sofort das Weite zu suchen? Jetzt war es für eine Flucht zu spät. Wie gelähmt verharrte Schatten vor dem Stamm, an dem die beiden Herrscher ihre Krallen gewetzt hatten. Wahrscheinlich würden sie auch gleich den Eindringlingen solche Kratzspuren verpassen ... oder Schlimmeres.

Nur noch wenige Schritte entfernt, blieben die Herrscher stehen und ließen ihre Blicke über die Dreiergruppe wandern. Schatten versuchte schnell, die Chancen seines Teams einzuschätzen. Die Herrscher waren nur zu zweit, aber sie wirkten um einiges älter und schwerer. Einer von ihnen hatte ein vernarbtes Gesicht und einen ungewöhnlich hellen Pelz, so als wäre er von der Sonne gebleicht. Der andere hatte sogar noch kräftigere Pfoten als Tatze, und ihr Anblick schnürte Schatten die Kehle zusammen. Bei allen Geparden waren die Daumenkrallen am schärfsten, weil sie als einzige beim Laufen nicht über den Boden rieben – aber so mörderische Klauen wie bei diesem Herrscher hatte Schatten noch nie gesehen.

„Du schon wieder", knurrte der mit dem bleichen Pelz an Streuner gewandt. „Wir haben dir doch schon beim letzten Mal deutlich gemacht, dass du hier unerwünscht bist!"

Streuner hatte Angst, das merkte Schatten genau. Trotzdem gab er sich Mühe, ebenso keck dreinzuschauen wie sonst. „Habt ihr, in der Tat", stimmte er zu. „Aber gegenüber meinem Team solltet ihr vielleicht ein bisschen gastfreundlicher sein."

Der mit den Säbelklauen schnaubte höhnisch. „Hörst du das, Geist?", fragte er seinen Gefährten. „Ich glaube, der Kleine will uns drohen. Sollen uns diese mageren Bürschchen etwa Angst einjagen? Die haben ja fast noch ihr Welpenfell!"

„Ha... Haben wir nicht!", keuchte Tatze, der offenbar versuchte, einmal richtig tapfer zu sein. „Wir sind schon so gut wie erwachsen. Auch Schatten, jawohl! Sein Fell sieht nämlich immer so komisch aus. Das könnt ihr ruhig glauben, ihr Antilop..."

„Tatze", mahnte Schatten leise. Er schob sich an seinem zitternden Bruder vorbei und blickte den Herrschern möglichst fest in die Augen. „Wir wussten nicht, dass dieses Gebiet euch gehört", sagte er. „Sonst wären wir nicht hergekommen. Aber jetzt sind wir nun mal hier, und wir würden wirklich gern bleiben. Dafür versprechen wir, dass wir euch keinen Ärger ..."

Weiter kam er nicht. Einer der Herrscher schnellte nach vorn und ließ seine Pfote durch die Luft sausen. Es war der mit den schrecklichen Daumenkrallen, und für einen Moment war Schatten sich absolut sicher, dass er ein Auge verlieren würde. Was für eine Katastrophe: ein unerfahrener Jäger, der noch dazu schlecht sehen konnte! Verzweifelt riss er den Kopf zur Seite – doch nichts geschah. Der Herrscher musste ihn absichtlich verfehlt haben.

„Betrachtet das als letzte Warnung", knurrte der helle Gepard, den der andere „Geist" genannt hatte. „Wehe, ihr lasst euch noch ein einziges Mal in meinem und Kralles Revier blicken! Bei unserem nächsten Treffen kommt ihr nicht so glimpflich davon." Damit trat er vor den Botschaftsbaum und kratzte ein paar frische Spuren in die Rinde. Kralle machte es ihm nach. Zum Schluss drehten sich beide um, hoben die Schwänze und spritzten ihre Duftnoten an den Stamm. In jeder ihrer Bewegungen schien Geists Drohung wie ein schauriges Echo nachzuhallen.

Tatze kauerte verschreckt im Gras, und auch Schatten wagte es nicht mehr, sich zu rühren. Streuners Frechheit war allerdings ein bisschen größer als seine Angst. Sobald die Herrscher sich ein paar Schritte entfernt hatten, jaulte er ihnen hinterher: „Echt mies, wie geizig ihr seid! In dieser Gegend gibt es sicher genug Beute für uns alle!"

Da wandte Kralle sich noch einmal zu ihnen um. Er hob die Oberlippe, und etwas Spöttisches lag in seinem Blick. „Wir teilen eben nicht gern", sagte er. „Aber wenn ihr unbedingt hierbleiben wollt, dann macht doch Jagd auf die klingenden Herden! Auf die können Geist und ich verzichten. So kommen wir vielleicht miteinander aus ..."

Nach einem letzten Zähneblecken lief er seinem Freund hinterher, und ihre kräftigen Gestalten wurden eins mit dem Gelb der Savanne. Erst als sie verschwunden waren, richtete Tatze sich vorsichtig auf. „Das war knapp", stöhnte er. „Hab schon gedacht, die würden uns in klitzekleine Stückchen zerreißen. Jetzt aber schnell nach Hause!"

„Auf gar keinen Fall! Wir wollten uns doch von diesen Kerlen nicht einschüchtern lassen", schimpfte Streuner. Dann verstummten beide und richteten ihre Augen auf Schatten.

Der zuckte irritiert mit den Ohren. „Warum schaut ihr mich so an?", fragte er und begriff im nächsten Moment, dass sie auf seine Entscheidung warteten. So als würde alles nur von ihm abhängen! Der Gedanke brachte ihn ganz durcheinander. Hielten sie ihn etwa für ihren Anführer? Er hatte noch nie das Sagen gehabt, sondern sich zuerst nach der Jägerin gerichtet und später nach Flaum. Aber wenn er jetzt so viel Verantwortung besaß, konnte er unmöglich den Schwanz einziehen. Also holte er tief Luft und straffte seine Muskeln.

„Wir geben nicht auf", verkündete er. „Dieses Reich ist zu kostbar, um es einfach zurückzulassen. Wenn es für uns eine Möglichkeit gibt hierzubleiben, dann werden wir sie ergreifen. Kommt schon – suchen wir nach den klingenden Herden!"

16. Kapitel

Die klingenden Herden

Von nun an waren Schatten, Streuner und Tatze wieder auf der Hut, während sie durch die trockene Landschaft streiften. Sie stellten fest, dass es in dieser Gegend doch ein paar Räuber gab: keine Löwen oder Hyänen, aber Schakale, die ihnen hin und wieder das Futter streitig machten. Trotzdem hätten die drei sich nie ernsthaft bedroht gefühlt – wäre da nicht die ständige Angst gewesen, von den Herrschern entdeckt zu werden. Wenn Kralle und Geist herausfanden, dass die Eindringlinge immer noch ihre Beutetiere jagten, würden sie kurzen Prozess mit ihnen machen.

Oft glaubte Schatten, die Blicke der beiden wie ein kaltes Prickeln im Nacken zu spüren. Dann stieß er einen Warnlaut aus und spähte hektisch nach allen Seiten. Zwar konnte er die Herrscher nie entdecken, aber bis zum nächsten Zusammenstoß war es nur eine Frage der Zeit. Was für ein mieses Schicksal es doch wäre, erst das Reich der Geparde zu finden, nur um dort von Geparden plattgemacht zu werden!

Und dann, endlich, brachte ihnen der Wind ein ganz besonderes Geräusch. Es klang wie eine Mischung aus aneinanderschlagenden Steinen und Vogelgesang. Streuner, der gerade sehnsüchtig um einen Baum geschlichen war, hielt verdutzt inne.

„Worauf wartest du?", rief Schatten. „Schnell, rauf mit dir!"

Streuners Augen leuchteten. „Ich darf? Du hast doch gesagt, dass mich die Fieslinge dort oben entdecken könnten! Außerdem ist das garantiert wieder ein Botschaftsbaum, weil er so schief gewachsen ist."

„Wenn ich richtigliege, müssen wir uns darüber bald keine Gedanken mehr machen!" Mit klopfendem Herzen sah Schatten zu, wie Streuner geschickt den schrägen Baumstamm hinaufstieg. „Und, was siehst du?"

Streuner schnaubte. „Grüße von Kralle und Geist. Ganz besonders duftende, *braune* Grüße ..."

„Ich meine, dort, wo das Geklingel herkommt!" Schatten war kurz davor, ebenfalls den Baum zu erklimmen. Ungeduldig richtete er sich an dem zerkratzten Stamm auf, da meldete Streuner verblüfft: „Pflanzenfresser! Jedenfalls glaube ich, dass es welche sind. Solchen wie denen bin ich echt noch nie begegnet!"

„Das muss eine klingende Herde sein." Schatten schnupperte aufgeregt, konnte aber noch nichts Besonderes wittern. Der Geruch der Herde wurde von den scharfen Duftnoten der Herrscher überdeckt.

„Wie sehen sie denn aus?", quiekte Tatze.

„Ein bisschen wie Antilopen ... und doch ganz anders. Jedenfalls sehr lecker. An zweien von denen könnten wir uns so richtig satt fressen!", schwärmte Streuner und fiel vor lauter Begeisterung beinahe herunter.

Schattens Gedanken rasten. Er war sich so sicher gewesen, dass mit den klingenden Herden irgendetwas nicht stimmte – andernfalls hätte Kralle sie ihnen wohl kaum überlassen. Aber wenn diese Tiere nicht mickrig oder ekelhaft waren, gab es nur eine Möglichkeit: Sie mussten sehr schwierig zu fangen sein.

„Passt auf", sagte er schnell, sobald Streuner vom Baum geklettert war, „das wird jetzt vielleicht die wichtigste Jagd unseres Lebens. Wenn wir mit den klingenden Herden nicht zurechtkommen, werden wir nie unsere Ruhe haben. Dann müssen wir uns entweder hier vor den Herrschern fürchten oder zu Hause vor den Löwen und Hyänen!"

„Ich mag mich nicht fürchten", fiepte Tatze und zog den Kopf ein.

„Ach, echt? Dafür machst du es aber ziemlich gut." Streuner blinzelte frech, ehe er sich an Schatten wandte. „Keine Sorge, Finsterfell. Du kannst auf uns zählen. Alles hört auf dein Kommando!"

„Dann los." Schatten setzte sich in Bewegung, und die anderen reagierten sofort. Normalerweise trödelte Tatze gern ein bisschen herum, und Streuner versuchte zum Spaß, seine Freunde stolpern zu lassen. Aber jetzt waren ihre Schritte perfekt aufeinander abgestimmt. Nie zuvor hatte Schatten sich inmitten seines Teams so stark und sicher gefühlt. *Macht euch auf etwas gefasst, Kralle und Geist*, dachte er und hoffte in diesem Moment sogar, dass die Herrscher in der Nähe waren. *Wir zeigen euch, wie man mit den klingenden Herden fertigwird!*

Doch seine Entschlossenheit geriet ins Wanken, als er die fremdartigen Pflanzenfresser sah. Irritiert stoppte er und versuchte, sich einen Überblick zu verschaffen. Irgendwo musste sie sein – die Schwierigkeit, die sogar Kralle und Geist dazu brachte, sich von dieser Herde fernzuhalten. Doch er konnte sie einfach nicht finden! Im Gegenteil, alles wirkte perfekt: Die Tiere waren gut genährt, aber nicht zu schwer, um sie niederzureißen. Die meisten von ihnen hatten braune Köpfe und ansonsten grellweißes Fell, sodass man sie schon aus der Ferne gut erkennen konnte. Und als wären sie nicht auffällig genug, trugen manche von ihnen Steine um den Hals, die bei jeder Bewegung bimmelten! Außerdem meckerten und blökten sie laut. Es kam Schatten so vor, als bettelten sie regelrecht darum, in ein paar hungrigen Bäuchen zu landen.

„Vielleicht sind sie ja total gefährlich", wisperte Tatze. „So gefährlich, dass es ihnen egal ist, wer sie bemerkt …"

„Pah", machte Streuner. „Mit diesen kleinen Hörnern? Lächerlich!" Erwartungsvoll schaute er zu Schatten, und der begann nach kurzem Zögern mit der Pirsch. Dabei spürte er ein unbehagliches Ziehen im Bauch. Irgendetwas stimmte nicht, aber was? Mühsam schob er das Gefühl beiseite und konzentrierte sich darauf, in Deckung zu bleiben. Es gab nur wenige Sträucher auf seinem Weg, doch die Herde war ohnehin ins Grasen vertieft. Keiner dieser seltsamen Pflanzenfresser hob den Kopf und sah sich prüfend um, wie Antilopen es an ihrer Stelle getan hätten. Dermaßen achtlose Beutetiere waren Schatten noch nie untergekommen! Da machte es auch nichts, dass er kein einziges Herdenmitglied finden konnte, das alt oder kränklich wirkte. Er würde sich einfach auf das Erstbeste stürzen.

Alles wird gut, sagte er sich. *Vielleicht haben wir einfach Glück*. Kurz schaute er nach links und rechts, um seinen Teamkollegen ein Zeichen zu geben, dann lief er in geduckter Haltung los. Immer schneller wurden seine Schritte, immer weiter streckte er die Pfoten. Er war schon ganz knapp davor zu fliegen – stattdessen blieb er mit einem Ruck stehen. Fast wären die anderen in ihn hineingerannt.

„Spinnst du?", jaulte Streuner, doch im nächsten Moment erstarrte auch er. Entsetzt schauten alle drei auf die Gestalt, die sich an den Pflanzenfressern vorbeigedrängt hatte. Sie war hochgewachsen und sandfarben, ein bisschen wie ein Gepard ohne Flecken. Nur die hängenden Ohren und die Schnauze waren schwarz, und was aus dieser Schnauze kam, hatte rein gar nichts mit den hohen Lauten der Geparde gemeinsam: ein kurzes, donnerndes Brüllen, voller Zorn und Angriffslust.

„LASST GEFÄLLIGST MEIN RUDEL IN FRIEDEN! VERSCHWINDET, ODER ES ERGEHT EUCH SCHLECHT!"

„*Dein* Rudel?!" Schatten konnte es nicht fassen. Das donnernde Ungeheuer ähnelte den Pflanzenfressern ungefähr so sehr wie er selbst einem Pavian! Wie kam es bloß auf die Idee, dass das hier seine Familie war? Versuchsweise machte er noch einen Schritt, aber das Donnerbrüllen wurde augenblicklich doppelt so laut. Drohend stellte das Ungeheuer sich vor die Herde, und seine Botschaft war sonnenklar: Diese kleinen, bimmelnden Pflanzenfresser bedeuteten ihm genauso viel wie sein eigenes Leben.

Tatze überlegte nicht lange. Mit zurückgeklappten Ohren nahm er Reißaus, und die anderen stürmten hinterher. Sie dachten nur noch daran, möglichst viel Abstand zwischen sich und das unheimliche Gedonner zu bringen. Erst als Schatten im Augenwinkel eine Bewegung wahrnahm, erinnerte er sich wieder an seinen Wunsch: dass die Herrscher bei der heutigen Jagd zusehen würden ...

Mit einer bösen Vorahnung bremste er ab und wäre gleich darauf am liebsten im Erdboden versunken. Da standen sie: Kralle und Geist. Sie hatten das Fell gesträubt, die Augen verengt, und durchbohrten die Jungen mit ihren Blicken.

17. Kapitel

Besondere Pläne

Natürlich hatten die Herrscher sie beobachtet. Ihnen entging wahrscheinlich nichts, was in ihrem Revier geschah. Und nun waren sie Zeugen geworden, wie die Eindringlinge bei ihrer Jagd auf die klingende Herde versagt hatten! Sogar Streuner, dem sonst nie etwas peinlich war, zog beschämt den Kopf ein – doch die Herrscher wirkten kein bisschen schadenfroh. Aufgebracht zeigten sie die Zähne, so als hätte man *ihnen* die Jagd vermasselt.

„Was fällt euch eigentlich ein?", schleuderte Geist den drei Freunden entgegen. „Ihr könnt euch doch nicht an Ziegen heranschleichen!"

„Ziegen?", keuchte Schatten, noch außer Atem von ihrer Flucht. „Heißt das donnernde Ungeheuer so?"

„Nein. Das war ein Hund, und ihr solltet froh sein, dass er dort war!"

Streuner jaulte auf. „Klar waren wir froh, und wie. Bloß schade, dass dieses Monster uns nicht gefressen hat. Hach, da hätten wir uns erst richtig gefreut!"

Düster kniff Geist die Augen zusammen. „Ich meine es ernst“, knurrte er. „Wenn man sich den klingenden Herden nähert, gibt es von Hunden meistens nur Gebell. Hätte euch aber ein *Mensch* dabei erwischt, wärt ihr wahrscheinlich nicht mit dem Leben davongekommen!“

Die Freunde wechselten verwirrte Blicke. Was waren denn das nun wieder für neue Tiere? Und warum sollten die so gefährlich sein? Ihr ratloses Schweigen dauerte an, bis Kralle es mit einem Fauchen zerriss. „Die Menschen glauben, dass ihnen die klingenden Herden gehören. Kapiert?“, blaffte er. „Mit eurer Jagd hättet ihr sie furchtbar wütend machen können – auf uns alle! Und wütende Menschen sind ein echtes Problem. Ich wette, die schrecken nicht mal vor Löwen zurück, um ihre Herden zu verteidigen!“

Ein Schauer durchfuhr Schatten vom Kopf bis in die Schwanzspitze. Deswegen gab es hier also keine Löwen mehr: Diese Menschen hatten sie alle vertrieben oder sogar getötet!

„Aber ihr habt uns doch aufgetragen, nach den klingenden Herden zu suchen“, quiekte Tatze. „Wenn wir nur die fressen, habt ihr gemeint, dann dürfen wir hierbleiben!“

„Wie hätte ich denn ahnen sollen, dass ihr meine Herausforderung wirklich annehmt?", fragte Kralle gereizt. „So dumme Geparde wie ihr sind uns noch nie begegnet. Dabei haben wir schon viele Dummköpfe von hier fortgejagt!"

„Waren wir dumm?", gab Streuner trotzig zurück. „Oder eher verblüffend und absolut bewundernswert *mutig?*"

Die Herrscher mussten keine Sekunde nachdenken. „Dumm, zweifellos!", knurrten sie wie aus einer Kehle, und Geist fügte grimmig hinzu: „Außerdem kommt es letztendlich auf dasselbe hinaus, weil ..."

„Weil es der Weg der Geparde ist, möglichst feige zu sein. Richtig?", entfuhr es Schatten. Gleich darauf bereute er es, aber er hatte sich einfach nicht beherrschen können. Die Erinnerungen an jede Flucht und jede geraubte Beute ballten sich in ihm zusammen, bis er kaum noch Luft bekam. Nun würden sie gleich wieder davonlaufen, und er hatte es so, so *satt*! Wie konnten Raubkatzen bloß ein Leben führen wie die kümmerlichsten Spitzmäuse?

Natürlich war es sinnlos, den Herrschern solche Fragen zu stellen. Sicher hatte er alles nur noch schlimmer gemacht! Argwöhnisch schielte er zu Geist, der kurz zu überlegen schien und sich dann in Bewegung setzte. Er kam direkt auf Schatten zu, das Maul leicht geöffnet, sodass man seine spitzen Zähne sah. Tatze wimmerte, und sogar von Streuner kam ein erschrockenes Fiepen – doch der Herrscher griff Schatten nicht an. Er blieb dicht vor ihm stehen und fixierte ihn mit seinem Blick.

„Da irrst du dich, Junge", antwortete er. „Der Weg der Geparde ist es, Chancen und Gefahren klug abzuschätzen! Wir rennen nicht, wenn wir sehen, dass ein Beutetier viel zu schnell sein wird. Und wir opfern nicht unsere Kraft und Gesundheit für Kämpfe, die wir nur verlieren können! Mut ohne Verstand ist immer dumm, begreifst du das?"

Abwartend legte er den Kopf zur Seite, doch Schatten brachte keinen Ton heraus. Wie gebannt starrte er in Geists Augen, die in dem blassen Gesicht zu glühen schienen. Der Herrscher hatte seine Frage verstanden und ernst genommen! Vielleicht war er ja auch einmal ein Welpe gewesen, der seine Mutter mit Fragen gelöchert hatte. Einer, der abends länger wach blieb, um sich nach den Sternen zu strecken …

Der Bann zerbrach, als Kralle neben seinen Gefährten sprang. „Es reicht! Verschwindet endlich aus unserem Revier", befahl er zischend. „Wir haben uns genug mit euch herumgeärgert!"

Streuner und Tatze stolperten rückwärts, doch Schatten rührte sich nicht vom Fleck. In seinem Inneren keimte plötzlich eine Idee, so überraschend wie das erste Grün der Regenzeit. „Und wenn ihr euch nicht mehr ärgern müsstet? Ich meine, obwohl wir hierbleiben?", stieß er hervor, und das Herz klopfte ihm bis zum Hals. „Schon klar, heute haben wir einen Fehler gemacht. Aber nur, weil wir uns hier nicht auskennen! Ihr könntet uns beibringen, was wir wissen müssen, und dafür … dafür helfen wir euch. Bei der Beutesuche, beim Jagen, einfach bei allem!"

Nicht nur die Herrscher, auch Streuner und Tatze starrten ihn ungläubig an.

„Du meinst, als Team? Zu *fünft?*", japste Kralle und schien zu überlegen, ob er den Vorschlag unverschämt oder einfach nur lächerlich fand. „So etwas hat es noch nie gegeben! Zu zweit ist es ganz praktisch, oder vielleicht zu dritt, wenn man so schwach und unerfahren ist wie ihr. Aber kein Gepard lebt in einem Rudel!"

„Und wenn es unsere Chancen erhöht?" Verzweifelt suchte Schatten wieder Geists Blick. Er hoffte, noch einmal diese Verbindung zu spüren, einen klitzekleinen Funken Gemeinsamkeit ... Doch der ältere Gepard wandte sich schweigend ab.

„Unsere Chancen, schrecklich genervt zu werden?", ätzte Kralle. „O ja, die wären dann sicher so hoch wie ein Botschaftsbaum." Mit diesen Worten kehrte auch er den Jungen seinen Schwanz zu und marschierte davon.

Als die Herrscher sich weit genug entfernt hatten, stöhnte Streuner erleichtert auf. „Wow, sie haben uns nicht zerfetzt. Noch nicht mal beknabbert! Obwohl dieser Kralle echt so gewirkt hat, als würde er gern mal Streunerfleisch probieren ..."

„Und was jetzt?", maunzte Tatze, die Augen auf seinen Bruder gerichtet.

„Ja, wie lautet der Plan, Finsterfell?"

Schatten zog die Nase kraus. „Das fragt ihr ausgerechnet mich?“, murrte er. „Bisher war ich doch der schlechteste Anführer aller Zeiten!“

„Aber du bist hier derjenige mit den Ideen. Und wenn diese Ideen noch so lausig sein mögen!“ Freundschaftlich rempelte Streuner ihn an. „Komm schon, raus damit: Wie startet man ein Fünferteam?“

„Überhaupt nicht. Habt ihr Kralle nicht zugehört? Das ist völliger Unsinn, den es noch nie gegeben hat!“ Schatten schaute zwischen Tatze und Streuner hin und her. Er rechnete damit, dass sie einen Rückzieher machen würden, aber das taten sie nicht. Aufmerksam erwiderten sie seinen Blick, bis er endlich verstand: Er war derjenige mit den Ideen, und sie waren diejenigen, die fest an seine Ideen glaubten.

Also machten sich alle drei bereit, nach den Sternen zu greifen.

18. Kapitel

Im Schutz der Dunkelheit

Im Grunde war es ganz einfach. Ein Gepard, der akzeptiert werden wollte, konnte nur zwei Dinge tun: in der Nähe bleiben und abwarten. Irgendwann würden die anderen sich an ihn gewöhnen – oder ihn davonjagen.

„Zum Glück weiß ich schon, was ich mache, wenn mich dieser Kralle doch noch beißen will", verkündete Streuner.

„Was denn?", fragte Tatze hoffnungsvoll.

„Ich werde absolut widerlich schmecken." Zufrieden ließ Streuner sich ins Gras plumpsen, als auch die Herrscher in einiger Entfernung eine Pause einlegten. Kralle und Geist waren stundenlang durch ihr Revier gestreift und hatten an zahlreichen Bäumen und Termitenhügeln ihre Duftmarken hinterlassen. Dass sie verfolgt wurden, war ihnen sicher längst bewusst. *Wahrscheinlich haben sie deshalb noch keinen einzigen Jagdversuch unter-*

nommen, dachte Schatten – sie sparten ihre Kräfte für einen letzten Streit, bei dem sie die nervigen Eindringlinge endgültig loswerden wollten. Allmählich begann er, an seinem Plan zu zweifeln. Ein Fünferteam widersprach allem, was den Weg der Geparde ausmachte: stets unauffällig zu bleiben, eher kleine, leichte Beutetiere zu fangen und möglichst niemandem zu vertrauen, der nicht zur eigenen Familie gehörte. Was, wenn ein anderer Weg gar nicht funktionierte?

Selbst Streuner hatte mittlerweile zugegeben, dass ihm noch keine derart große Gruppe erwachsener Geparde begegnet war. „Das wäre so neu wie eine fliegende Giraffe", erklärte er und leckte sich das struppige Fell. „Aber hey, vielleicht *können* die Langhälse ja fliegen. Sie haben es nur noch nie probiert!"

Schatten legte sich neben ihm ins Gras und versuchte, genauso unbekümmert zu wirken wie er. Tatze dagegen fiepte seinen Kummer laut heraus. „Ich hab Hunger!", klagte er. „Diese Herrscher sind so komisch. Warum gehen die nie auf die Jagd?" Es war ihm anzuhören, was er dachte: Wenn Kralle und Geist sich das Fressen abgewöhnt hatten, dann fand er es überhaupt nicht mehr verlockend, Teil ihres Teams zu werden.

Auch Schatten spürte eine unangenehme Leere im Bauch. Als sie sich an die Ziegen herangepirscht hatten, war er bereits sehr hungrig gewesen. Jetzt wollte er nichts dringender, als im letzten Abendlicht noch schnell einen Hasen zu fangen! Trotzdem zwang er sich, still liegen zu bleiben und die Herrscher weiter zu beobachten. Es sah ganz danach aus, als sollte ihr Ruheplatz auch ihr Nachtlager werden. Sorgfältig putzten sie sich gegenseitig das Fell, dann betteten sie die Köpfe auf den warmen Boden. Es wurde jetzt rasch dunkler, die Zeit zum Jagen war abgelaufen. Seufzend fragte sich Schatten, ob er überhaupt würde einschlafen können. Da half es auch nicht, dass Tatze ihm schon seit Ewigkeiten das linke Ohr leckte.

„Hör auf", brummte er. „Du putzt mich gar nicht – du versuchst, mich zu fressen."

„Wenn ich nun mal solchen Hunger hab", jammerte Tatze und machte beim rechten Ohr weiter. „Bis morgen früh halt ich es nie und nimmer aus!"

„Das wirst du aber müssen", wehrte Schatten ihn ab. „Nachts wird nicht gefressen, weder Bruderohren noch sonst was!"

„Äh, Finsterfell?“, mischte Streuner sich ein. „Ich glaube, unsere lieben Herrscher sind da anderer Meinung ...“

Verdattert blickte Schatten sich um. Die Sonne war bereits untergegangen, aber der Mond leuchtete nun hell vom wolkenlosen Himmel. So konnte Schatten deutlich erkennen, dass Kralle und Geist aufgestanden waren. Sie gähnten und streckten sich ausgiebig, und bei Tageslicht hätte Schatten genau gewusst, was das zu bedeuten hatte: Die beiden machten sich bereit für die Jagd. Aber doch nicht um diese Zeit!

„Ob sie sich einen neuen Schlafplatz suchen ...?“, wisperte Tatze.

„Werden wir gleich wissen!“ Blitzschnell war Schatten auf den Pfoten und schlich den Herrschern hinterher. Ein aufgeregtes Kribbeln machte sich in ihm breit. Wie oft hatte er sich schon vorgestellt, nach Einbruch der Dunkelheit unterwegs zu sein! Dass er nicht so gut sehen konnte, war unheimlich und spannend zugleich. Zum ersten Mal musste er sich stärker auf seine anderen Sinne konzentrieren, und er stellte fest, dass es jede Menge zu hören gab. Im Gestrüpp raschelte es geheimnisvoll, Insekten zirpten, und Vögel, die tagsüber geschlafen hatten, begrüßten mit ihren Schreien die Nacht. Dazu wehte ihnen ein kühler Wind die unterschiedlichsten Gerüche entgegen: Hier hatten Löffelhunde auf der Suche nach Termiten den Boden aufgewühlt, dort hatte ein einsamer kleiner Erdwolf seine Duftmarke gesetzt ... Auch ein Stachelschwein war vorbeigekommen, und Schatten hoffte von ganzem Herzen, ihm nicht begegnen zu müssen.

Dann stieg ihm ein Duft in die Nase, der ihn alles andere vergessen ließ.

Pflanzenfresser. Viele, eine ganze Herde.

Zebras!

Sehnsüchtig zog sich Schattens Magen zusammen. Er fand, dass Zebras äußerst verlockend rochen, obwohl er noch nie eines gekostet hatte. Erwachsene Tiere waren zu groß und wehrhaft, und an die Fohlen kam man nicht heran. Nicht einmal der Jägerin war das gelungen! Diese gestreiften Leckerbissen waren nämlich verflixt wachsam. Sie blieben dicht beieinander, die Köpfe in verschiedene Richtungen gedreht,

und dösten höchstens mal kurz im Stehen vor sich hin. Normalerweise ...

„Ich fass es nicht", raunte Streuner, als sie eine weite, offene Fläche inmitten von Buschwerk erreicht hatten. „Pennen die etwa?!"

Auch Schatten starrte ungläubig zu den schwarz-weißen Hügeln, die im mondbeschienenen Gras lagen. Die Zebras schliefen tatsächlich tief und fest! Nur ein einziges war als Wachtposten auf den Beinen, aber es schaute nicht in Richtung der Geparde. Im Dunkeln hätte es die Gefahr vielleicht auch gar nicht erkannt. Für einen Moment träumte Schatten davon, einen Jagdversuch zu starten, doch dann schob er den Gedanken schnell wieder beiseite. Wachsam oder nicht, Zebras waren keine geeignete Beute. Bestimmt konnten die noch fester zutreten als Gnus, und Schatten hatte absolut nicht vor, das zu testen!

„Die Jagd beginnt", sagte Streuner plötzlich neben ihm.

„Blödsinn“, murmelte Schatten. „Wir hätten nicht die geringste Chance.“

„Wir nicht, aber die da!“

Schattens Kopf flog herum. Er hatte gar nicht mehr auf Kralle und Geist geachtet! Suchend irrte sein Blick über die Sträucher, dann nahm er eine Bewegung wahr. Eine winzige Bewegung, die ebenso gut von einem Windhauch in den Zweigen stammen könnte. Hätte Schatten nicht gewusst, dass Kralle und Geist in der Nähe waren, hätte er sie wohl kaum erkannt. Lautlos bewegten sie sich auf die Herde zu, langsam wie der Mond, der über den Sternenhimmel kroch. Es war eine so perfekte Pirsch, dass Tatze irgendwann das Interesse verlor. Er gähnte ... Und im selben Augenblick schossen die beiden Herrscher auf die Ebene hinaus.

19. Kapitel

Mutig wie ein Honigdachs

Der Wachtposten schrie, aber es war zu spät. Während die Zebras sich schlaftrunken aufrappelten, verloren sie kostbare Zeit. Eines strauchelte sogar und fiel auf die Knie. Schattens Muskeln spannten sich an: Er wusste, dass das Zebra durch diesen Fehler zum Ziel der Jagd geworden war. Atemlos beobachtete er, wie Kralle und Geist in seine Richtung flogen. Das Zebra gab sich Mühe, seine Herde einzuholen, und die Panik verlieh ihm ungeahnte Kräfte. Obwohl die Herrscher dicht hinter ihm waren, schienen sie es niemals erreichen zu können. Schneller, immer noch schneller wurde die Jagd, und Schatten glaubte nicht mehr an ihren Erfolg. Selbst wenn die Herrscher das Zebra erwischten, bekämen sie es mit einem wild ausschlagenden Gegner zu tun. Einem, der doppelt so schwer war wie sie beide zusammen!

Auf dem Höhepunkt des Rennens sprang Geist das Zebra von der Seite an. Es machte einen Ausfallschritt, doch auf der anderen Seite wartete bereits Kralle und versetzte ihm einen Hieb. Das Zebra verlor das Gleichgewicht. Es landete mit solcher Wucht auf dem Boden, dass Schatten das Beben bis in sein Versteck spüren konnte – dann kehrte Stille ein.

Es gab keinen Kehlbiss, keinen Kampf. Das Zebra hatte sich bei seinem Sturz das Genick gebrochen.

Überwältigt hockten die drei jungen Geparde im Gebüsch. Nie zuvor hatten sie einen solchen Jagderfolg miterlebt. Sie hatten nicht einmal geahnt, dass so etwas möglich war! Schatten schwankte zwischen Ehrfurcht und Neid, bis nur noch ein brennender Wunsch in ihm übrig blieb: Er *musste* Teil dieses Teams werden. Vielleicht könnte er dann lernen, genauso fantastisch zu jagen wie Kralle und Geist!

Ein leises Schmatzen verriet, dass Tatze von etwas ganz anderem träumte. „Stellt euch vor, wie viel die jetzt fressen werden", stöhnte er. „Oh, die werden sich die Bäuche vollschlagen, bis sie keine Luft mehr bekommen!"

„Du meinst, so wie jetzt", sagte Streuner trocken. Tatsächlich hatten Kralle und Geist das Zebra noch gar nicht angerührt. Sie lagen mit ausgestreckten

Beinen neben ihrer Beute, und Schatten ahnte, wie sehr sie hechelten. Nach einem solchen Sprint raste das Herz, und der Körper glühte wie im Fieber. Es würde eine ganze Weile dauern, bis die Herrscher fressen konnten.

Den Kopf voller sehnsüchtiger Gedanken legte auch Schatten sich nieder. Er beschloss zu warten, bis Kralle und Geist eine ordentliche Portion verdrückt hatten. Wenn sie satt und zufrieden waren, standen die Chancen sicher am besten, von ihnen akzeptiert zu werden! Doch leider machte Warten im Dunkeln sehr müde. Irgendwann fielen Schatten die Augen zu – und er schreckte mit einem Fauchen wieder hoch. „Riecht ihr das?"

„Ich war das nicht", nuschelte Tatze verschlafen. „Immer soll ich alles gewesen sein."

„Nein, ich meine was anderes!" Aufgeregt drehte Schatten den Kopf hin und her. Er konnte diesen Geruch noch nicht zuordnen, aber er war scharf und mächtig. *Gefahr*, flackerte es grell durch seine Gedanken.

Witternd reckte Streuner den Hals, dann ließ er sich platt auf den Bauch fallen. „O nein", stöhnte er. „Macht euch bereit zum Rückzug, Freunde. Leopardenalarm!"

Schatten zuckte zusammen. Besorgt starrte er auf die Ebene hinaus, wo eine massige Gestalt erschienen war.

Ihr Fell war golden und schwarz gemustert, aber anders als bei einem Gepard. Die meisten Punkte fügten sich zu Blumen zusammen, jede mit einem braunen Fleck in der Mitte. Schatten konnte es im Mondlicht deutlich erkenen – trotzdem achtete er kaum darauf. Es hätte ihn auch nicht interessiert, wenn diesem Kerl echte Blumen aus den Ohren gewachsen wären! Sein Blick wanderte sofort weiter, vom mächtigen Kiefer hinunter zu den riesigen Pranken. Er wusste, dass Leoparden mit ihren scharfen Krallen sehr gut klettern konnten, obwohl sie so schwer waren. Sie hängten sogar ihre Beute an Äste, außer Reichweite von Schakalen und Hyänen. Als Welpe hatte Schatten einmal versucht, zu so einem baumelnden Aas hochzukraxeln. Die Jägerin war darüber ungewöhnlich zornig geworden: „Möchtest du genauso enden wie diese Gazelle?", hatte sie gefaucht und ihn mit einem

Klaps zur Ordnung gerufen. Damals hatte Schatten sich nicht vorstellen können, dass Leoparden auch Geparde erlegten und in die Bäume verschleppten. Nun kam ihm die Warnung seiner Mutter absolut berechtigt vor!

„Ich glaub, mir gefällt das nicht", piepste Tatze, während der Leopard zielstrebig auf Kralle und Geist zumarschierte. Da riss der Leopard das Maul auf – und brüllte. Das tiefe, knarrende Geräusch fuhr Schatten bis in die Knochen. Er hatte keine Ahnung gehabt, dass auch andere Raubkatzen so schrecklich klingen konnten wie Löwen!

„Ich weiß *genau*, mir gefällt das nicht!", piepste Tatze noch schriller. „Was machen wir denn jetzt?"

„Wir sollten weglaufen", sagte Schatten, ohne sich zu rühren. Kralle und Geist hatten sich mühsam erhoben. Mit hängenden Köpfen standen sie neben ihrer Beute, die ihnen wahrscheinlich bald nicht mehr gehören würde. „Oder ..."

„Oder was?", drängte Streuner, und seine Frage wurde fast von einer Erinnerung übertönt, die durch Schattens Gedächtnis hallte. *Der Trick besteht darin, so zu tun, als hätte man überhaupt keine Angst. Dann halten sie dich für gefährlicher, als du bist.*

„Oder wir greifen an", stieß Schatten hervor. Er spürte die fassungslosen Blicke der anderen und hoffte verzweifelt, dass sie seinen Plan verstanden.

„Das", sagte Streuner endlich, „ist die verrückteste Idee, die du je hattest."

Im nächsten Moment stürmte er auch schon auf die Ebene hinaus. Schatten und Tatze holten ihn mit wenigen Sprüngen ein. Sie konnten nicht brüllen, aber ihr Jaulen und Fauchen war laut genug, um den Leoparden zu erschrecken. Verärgert drehte er den wuchtigen Kopf, und Schatten las in seinen Augen, dass er seine Chancen abschätzte.

Er war stark, aber sie waren viele. Außerdem wirkten sie ein klein wenig verrückt, und damit wollte der Leopard nichts zu tun haben. Nicht mal ein Zebra war es wert, sich von einem Haufen irrer Leichtgewichte verprügeln zu lassen! Also brüllte er erneut, um seinen Stolz zu bewahren, und machte sich dann aus dem Staub. Zurück blieben eine unberührte Beute und fünf Geparde, die einander schwer atmend anschauten. Nach all dem Lärm war es jetzt fast unheimlich still.

„Das hättet ihr nicht tun müssen", sagte Geist schließlich gedämpft.

Schatten zwang sich, den Kopf möglichst hoch zu halten. „Ich weiß. Aber wir wollten es gern."

„Weil ihr eben Dummköpfe seid", knurrte Kralle. Scheinbar unbeeindruckt wandte er sich ab und wollte gerade anfangen zu fressen, als Streuner neben ihm auf den Boden stampfte.

„Irrtum! Diesmal waren wir nicht dumm, sondern mutig", verkündete er.

„J-jawohl", zirpte Tatze, der immer noch merklich bibberte. „Mutiger als dieser riesige Leopard. So mutig wie ... wie ..."

„Ein Honigdachs", platzte Schatten heraus. Und dann biss er einfach in das Zebra.

Die folgende Stille war sogar noch unheimlicher als die letzte. Eine knisternde Spannung hing in der Luft, so ähnlich wie vor einem Gewitter. Schatten schluckte mühsam, während er auf den ersten Donnerschlag wartete – aber der blieb aus.

Manche Wunder passierten ganz leise, und die wichtigsten Botschaften brauchten kein Gebrüll.

„Also schön", sagte Geist ruhig. „Fresst schnell, ihr alle, und dann suchen wir uns einen sicheren Ort zum Schlafen. Von nun an brauchen wir mehr Platz, nicht wahr?"

20. Kapitel

Die rollenden Felsen

Schatten konnte sein Glück kaum fassen. Eine Weile kam es ihm so vor, als wäre das alles nur ein verrückter Traum, der sich jederzeit in Luft auflösen könnte. Vielleicht würden Kralle und Geist irgendwann finden, dass das Leben in der Gruppe zu anstrengend war. Sie würden genervt sein, weil sie alles durch fünf teilen mussten, und die drei Jüngeren verscheuchen ...

Aber das neue Team brach nicht auseinander, im Gegenteil. Es wuchs mit der Zeit immer fester zusammen.

Es kam der Tag, an dem Geist nach dem Fressen wie selbstverständlich Schattens Wangen putzte. Der Tag, an dem sie dicht an dicht ihren Mittagsschlaf hielten, alle aus voller Kehle schnurrend. Und schließlich der Tag, an dem Kralle *nicht* böse wurde, obwohl Tatze ihm durch eine tollpatschige Pirsch die Jagd versaut hatte. „Ist vielleicht besser so", brummte er nur. „Wenn die Springböcke uns für Anfänger halten, passen sie weniger auf."

Er und Geist machten natürlich am meisten Beute,

doch die anderen durften immer mitfressen. Sie jagten tagsüber und manchmal, wenn der Mond hell vom klaren Himmel schien, auch bei Nacht. Niemand musste Angst haben, nicht satt zu werden. Weder Schakale noch Leoparden wollten sich mit fünf großen, starken Katern anlegen – und dass er durch das viele Futter groß und stark geworden war, spürte Schatten ganz deutlich.

Am meisten hatte allerdings Tatze zugenommen. Schatten fand, dass er schon fast so schwer aussah wie ein Leopard. Wie kam das bloß? Sicher, Tatze konnte besonders schnell fressen und hatte immer Appetit, doch diese Erklärung reichte nicht ganz aus. Eine Weile beobachtete Schatten seinen Bruder genauer, bis er glaubte, die Sache durchschaut zu haben: Tatze stahl sich regelmäßig davon, während die anderen ein Schläfchen hielten! Bei der nächsten Gelegenheit huschte Schatten ihm hinterher und sprang dann ausgelassen an ihm hoch. „Hab ich dich!", rief er. „Du gehst heimlich auf die Jagd, stimmt's? Wie verfressen kann man eigentlich sein?"

Tatze zog den Kopf ein. „Bin nicht verfressen", maunzte er. „Es ... schmeckt einfach nur so gut."

„Was denn? Zwergantilopen oder Karnickel?" Ein bisschen abschätzig musterte Schatten seinen Bruder.

Er konnte sich nicht vorstellen, dass Tatze ohne Hilfe irgendetwas besonders Schmackhaftes erwischte. Auch durch Kralles und Geists Vorbild war noch kein geschickter Jäger aus ihm geworden. Aber merkwürdig – nachdem Tatze seine Verlegenheit überwunden hatte, wirkte er beinahe stolz.

„Na schön, ich zeig es dir. Aber nur, wenn du mir nicht alles wegfrisst!"

Ehe Schatten erwidern konnte, dass er sich seinen Appetit sowieso lieber für *ordentliche* Beute aufhob, flitzte Tatze los. Er wählte eine Richtung, in die Kralle und Geist das Team noch nie geführt hatten. Dort wurden Gras und Buschwerk von etwas durchschnitten, das einem ausgetrockneten Flussbett ähnlich sah. Allerdings war dieses staubige Band zu flach, um wirklich ein Flussbett zu sein. Der Anblick löste ein unangenehmes Gefühl bei Schatten aus. Er erinnerte sich, dass sie früher schon so etwas gesehen hatten, und die Jägerin war niemals darauf zugegangen. „Das ist eine Straße", hatte sie gesagt. „Haltet Abstand, Kinder. Dort gibt es nur rollende Felsen und nichts für uns zu holen."

Sollte sie sich etwa geirrt haben? Tatzes Augen glitzerten so vorfreudig, als rechnete er damit, gleich die köstlichste Beute zu entdecken. „Wir müssen warten", erklärte er. „Auf die rollenden Felsen, verstehst du?"

„Die kann man doch nicht jagen!" Schatten bewegte unruhig die Ohren. Auch rollende Felsen hatte er in seinem alten Zuhause aus der Ferne beobachtet, und sie hatten ihm kein bisschen gefallen. Aber er wollte nicht ängstlicher sein als Tatze, der schon mal über ein niesendes Erdmännchen erschrocken war!

Widerwillig ließ Schatten sich nieder und spähte die Straße entlang. Nach einer Weile tauchte ein weißer Felsen auf, der in ihrer Nähe immer langsamer wurde. Er schien wahrhaftig nach Tatze Ausschau zu halten! Direkt neben den Brüdern blieb er stehen, und Schatten erkannte verblüfft, dass der Felsen an manchen Stellen durchsichtig wie klares Wasser war. Und dahinter ... Dahinter bewegte sich etwas.

Es war nicht bloß ein Felsen, es war eine Höhle! Eine, in der lange, dünne Wesen lebten! Halb entsetzt, halb fasziniert starrte Schatten durch eine der Wasserflächen, die sich ein Stück weit gesenkt hatte. Eine haarlose Pfote erschien an dem Spalt und schleuderte etwas nach draußen. Schatten witterte Fleisch. Mit einem begeisterten Quieken stürzte Tatze los, um den Brocken zu verschlingen. Aus dem Inneren des Felsens kam ein Kreischen wie von aufgeregten Pavianen. Erneut wurde etwas auf die Straße geworfen, und auch dieses Geschenk landete sofort in Tatzes Bauch. Ein paarmal wiederholte sich das, bis Tatze den Kopf drehte. „Komm doch auch!“, rief er Schatten fröhlich zu. „Probier mal, das ist echt lecker!“

Zögernd richtete Schatten sich auf. Er musste zugeben, dass das Fleisch sehr gut roch: frisch und saftig und kein bisschen so, als hätte es zu lange in der Sonne gelegen. Trotzdem weckte es in ihm nicht denselben Appetit wie eigene Beute. Als Tatze nicht aufhörte, nach ihm zu tschilpen, wagte er sich langsam auf die Straße hinaus. Der Affenlärm in der Höhle wurde fast ohrenbetäubend. Gesichter drängten sich an die Wasserflächen, und die haarlosen Pfoten hielten eckige, flache Steine hoch. Sollte das auch etwas zu fressen sein? Schatten machte noch einen einzigen, unsicheren Schritt, dann hörte er ein Fauchen.

„SEID IHR WAHNSINNIG?"

Erschrocken wirbelte er herum. Da stand sein restliches Team: Kralle und Streuner mit einem überraschten Ausdruck in den Augen – doch Geist wirkte rasend vor Zorn. Er fauchte lauter als bei ihrem ersten Zusammentreffen. Sogar noch lauter als nach ihrer missglückten Jagd auf die Ziegen!

„Ich wollte nicht", stammelte Schatten, „also, wir haben nur ..."

„Vergessen, dass ihr Geparde seid?", fuhr Geist ihn an. „Wir fressen kein Aas, wir lassen uns nicht locken, und schon gar nicht nähern wir uns den Menschen!

Habt ihr denn nie gelernt, was sich für unsereins gehört?!"

Tatze riss sich vom Anblick des Felsens los. „Meinst du den Weg der Geparde?", fragte er mit einem gutmütigen Blinzeln. „Aber Geist. Schatten und ich haben früher schon mal Aas gefressen, und das hat meinem Bruder das Leben gerettet! Außerdem sind wir jetzt ein Fünferteam und können machen, was wir wollen. Der Weg der Geparde gilt für uns nicht mehr."

Unbehaglich blickte Schatten zwischen den beiden hin und her. Ihm dämmerte, dass sein Bruder sich in letzter Zeit stärker verändert hatte als gedacht. Er war nicht nur schwerer geworden, sondern hatte auch seine Scheu komplett verloren. Nicht einmal die Ankunft eines weiteren Felsens konnte ihn einschüchtern! Stattdessen rannte ausgerechnet Geist, dieser tollkühne Herrscher, ängstlich davon.

21. Kapitel

Geists Geschichte

Einen schrecklichen Moment lang fühlte Schatten sich wie zerrissen zwischen Geist und seinem Bruder. Aber Tatze war ja nicht allein, Streuner und Kralle konnten auf ihn aufpassen. Also wandte Schatten sich von der Straße ab und eilte Geist hinterher. Er wusste genau: Wenn der Ältere ihn loswerden wollte, könnte er ihn mit Leichtigkeit abschütteln. Doch Geist machte keine Anstalten, Schatten zu entfliehen. Sobald die Felsen und ihr Inhalt außer Hörweite waren, wurden seine Schritte langsamer, und schließlich blieb er mit zuckenden Flanken stehen.

„Was willst du?", knurrte er. „Verpasst du nicht dein Festmahl auf der Straße?"

Schatten fiepte beschwichtigend. „Ach was, darauf hab ich gar keine Lust. Aber ist es wirklich so schlimm, wenn Tatze sich noch ein bisschen runder frisst?"

„Von mir aus kann dein Bruder fünf Warzenschweine hintereinander verschlingen, wenn er sich bloß von den Menschen fernhält!"

„Ich wusste nicht, dass in den rollenden Felsen Menschen sind", sagte Schatten vorsichtig. „Wo wir herkommen, haben wir auch manchmal solche Felsen gesehen, und da war nie jemand drin."

Geist schnaubte leise. „Doch, natürlich. Aber ihr kommt aus einem Schutzgebiet. Dort bleiben die Menschen versteckt, und sie würden keinem von uns etwas tun."

„Warum denn?", bohrte Schatten nach. Dann fiel ihm ein, dass er hier nicht mit seiner Mutter zusammensaß, die er getrost ausfragen durfte. Nervös legte er die Ohren zurück, bis Geist sich im Gras niederließ. Er wirkte immer noch aufgewühlt, schien aber nicht mehr böse zu sein.

„Sie wollen nicht oder dürfen nicht", antwortete er, „die Gründe spielen keine Rolle. Es sind nämlich Gründe, die nur bis zu den Grenzen eurer früheren Heimat gelten. Hier draußen ist alles anders. Du musst darauf gefasst sein, dass ein Mensch einen magischen Stock auf dich richtet und dir die Sinne raubt. Entweder für immer oder zumindest lange genug, um dich einzufangen!"

Zuerst wollte Schatten protestieren. Er hatte wahrhaftig schon viele Stöcke gesehen, und keiner von denen hatte so eine schreckliche Zauberkraft gehabt! Dann aber merkte er, dass Geist mit geweiteten Augen in die

Ferne starrte. Nicht so, als suchte er nach zukünftiger Beute – er schien vielmehr auf etwas zu blicken, das bereits vergangen war.

„Das ... Das ist dir auch passiert, hab ich recht?", flüsterte Schatten. „Ein Mensch hat einen Stock auf dich gerichtet, um dich einzufangen?"

Geist machte einen tiefen Atemzug. „Ja", sagte er, und sein Blick haftete immer noch am Horizont. „Genau so war es. Damals hatte ich kein Revier, sondern streunte einsam durch das Reich der Geparde. Ich war jung und kannte die Regeln noch nicht. Also habe ich Jagd auf eine klingende Herde gemacht, und dort gab es keinen Hund, der mich davon abgehalten hätte. Stattdessen wurde ich von einem Menschen ertappt. Er saß in einem rollenden Felsen und hielt einen Stock in meine Richtung, das weiß ich genau. Aber was dann geschah, kann ich nicht sagen. Es wurde dunkel, und als ich die Augen wieder öffnen konnte, war die Welt winzig klein geworden. Eine Welt aus glänzenden Stäben! Darin musste ich hocken und Aas fressen, eine ganze Trockenzeit lang. Als die Luft zwischen den Stäben bereits nach Regenwetter roch, kamen andere Menschen und holten mich ab. Dann wurde ich endlich freigelassen."

Schatten schluckte mühsam. „Du meinst, diese anderen Menschen haben dich gerettet?"

„Gerettet?", wiederholte Geist und klang dabei nicht gerade wie jemand, der besonders viel Glück gehabt hatte. Kurz verzog er das narbige Gesicht, dann stieß er einen Seufzer aus. „Ja, vielleicht muss man es so nennen. Die Sache hat für mich immerhin ein gutes Ende genommen: Ich landete in diesem Revier, tat mich mit Kralle zusammen ... Aber die Zeit der Gefangenschaft wird für immer ein Teil von mir sein. Stell dir eine ganze Trockenzeit vor, in der du niemals laufen kannst. Nicht pirschen, nicht jagen, nicht unter den Sternen schlafen. So lange, bis du fast kein Gepard mehr bist – nur noch ein leeres

Bündel Fell." Er schüttelte den Kopf, als könnte er seine bösen Erinnerungen auf diese Weise vertreiben. Dann fügte er mit müdem Spott hinzu: „Bei deinem komischen Fell wäre das erst recht ein Jammer. Also versprich mir, dass du dich von Menschenhöhlen fernhältst. Ganz egal, ob sie rollen oder stillstehen!"

„Mach ich", sagte Schatten schnell. „Und ich werde auch besser auf Tatze achten." Gern hätte er seinen Kopf an Geist gerieben, aber er wagte es nicht. Traurigkeit umgab den älteren Gepard wie eine dunkle Wolke, und gleichzeitig wirkte er unheimlich erfahren und weise. Schatten schwor sich, dass er von nun an immer auf ihn hören würde. Solange er Geists Rat befolgte, konnte überhaupt nichts schiefgehen.

* * *

Geist war klug, aber er wusste nicht alles. Er konnte unmöglich ahnen, dass nur wenige Tage später zwei Männer dieses Gespräch miteinander führten:

„Schon gehört? Drüben auf Josephs Farm haben sie jetzt eine Gruppe von Geparden. Ganze fünf Stück sogar!"

„Nicht unser Problem, solange sie dortbleiben und unser Vieh in Ruhe lassen."

„Das ist ja noch längst nicht alles. Einer von denen ist ein Königsgepard!"

Der zweite Mann schnappte nach Luft. „Was sagst du da?", keuchte er. „Bist du sicher?!"

„Aber ja. Ein paar Touristen haben Fotos gemacht und ins Internet gestellt, weil ein anderes Tier aus der Gruppe sich offenbar füttern lässt. Der Königsgepard ist zwar scheuer, aber auf manchen Bildern kann man sein außergewöhnliches Muster eindeutig erkennen."

Der zweite Mann wirkte plötzlich hellwach. Fast wie ein Gepard, der in der Ferne mögliche Beute entdeckt hatte – denn genau das hatte er auch. Ganz besonders fette Beute, die ihn mehr als nur satt machen würde. „Ist dir klar, was so ein Königsgepard wert ist?", fragte er mit leuchtenden Augen. „Diese Tiere sind unglaublich selten! Allein das Fell könnte uns ein Vermögen einbringen. Aber für ein lebendes Exemplar bekommen wir Hunderttausende Dollar!"

Der erste Mann lachte spöttisch. „Träum weiter. Du weißt doch, wie schwer Geparde einzufangen sind! Diese Biester lassen sich normalerweise nicht ködern.

Wie willst du dann den scheuen König in eine Falle locken?"

Doch das Leuchten in den Augen des anderen wurde immer stärker. „Vielleicht", sagte er bedächtig, „müsste es für den Anfang gar nicht der König sein ..."

Und er erklärte dem ersten Mann seinen Plan.

22. Kapitel

Der verlorene Bruder

Auf Tatze achtzugeben, war leichter gesagt als getan.

Schatten hatte versucht, ihm von den magischen Stöcken zu erzählen, doch sein Bruder hatte nur freundlich geschnurrt. „Wenn ich komische Stöcke sehe, renne ich weg, ja? Versprochen! Und wenn du unbedingt willst, werd ich auch nicht mehr zu der Straße gehen."

Dabei hatte er kein bisschen besorgt ausgesehen. Nachdem er seit seiner Geburt fast immer ängstlich gewesen war, genoss er seinen neuen Mut in vollen Zügen. Fröhlich raufte er mit Kralle, ärgerte ein Warzenschwein und bemühte sich, hinter Streuner auf Botschaftsbäume zu klettern. Es war schön, ihn so zu sehen. Schön ... und beruhigend. Und deshalb hörte auch Schatten irgendwann auf, sich Sorgen zu machen.

Dann kam der Morgen, an dem sich alles veränderte. Schatten erwachte frierend, was noch ziemlich normal war. Während der Trockenzeit konnten die Nächte frostig kalt werden. Doch als Schatten sich an seinen

Bruder kuscheln und ihm ein bisschen Wärme stibitzen wollte – da stieß er stattdessen gegen Kralle.

Natürlich war Kralle ein Morgenmuffel. „Hau ab", brummte er. „Hier gibt's nix für dich zu trinken, du Welpe."

Schatten schreckte hoch. Verwirrt drehte er sich zur anderen Seite, aber auch dort lag kein Tatze. Nur Streuner, der ihm verschlafen zuzwinkerte. „Hier genauso wenig. Aber du kannst mir gern mal den Rücken putzen, da juckt es mich total!"

Geist, der wie immer ganz außen lag, hatte die Unruhe bemerkt. Er setzte sich auf und erfasste die Situation mit einem einzigen Blick. „Tatze fehlt. Wann habt ihr ihn zuletzt gesehen?"

Ein Ziehen ging durch Schattens Brust. Er wusste genau, wann er seinen Bruder zuletzt gesehen hatte: am vergangenen Abend, kurz vor dem Einschlafen. Tatze musste nachts oder am frühen Morgen davongeschlichen sein. Aber warum? War er vielleicht wieder hungrig gewesen?

„Er hat versprochen, nicht mehr zur Straße zu gehen", sagte Schatten, obwohl das sowieso niemand behauptet hatte.

Kralle gähnte unbeeindruckt. „Ach, der kommt sicher bald wieder. Spätestens, wenn wir etwas gefangen haben und er uns das Beste wegfressen will. Los, gehen wir auf die Jagd!"

Doch das unangenehme Ziehen wollte nicht aus Schattens Brust verschwinden. Er hatte das Gefühl, als ob Tatze nicht nur kurz weg wäre, sondern *fehlte*. So wie Flaum und die Jägerin fehlten und immer fehlen würden, weil sie niemals wiederkamen.

Das Gefühl wurde im Laufe des Tages stärker. Gegen Mittag erlegten sie eine Oryx – ein schöner Erfolg, weil diese Antilope groß war und unheimlich lange, spitze Hörner hatte. Tatze wäre sicher begeistert gewesen, aber es gab nach wie vor keine Spur von ihm. Ohne Appetit fraß Schatten seinen Anteil, und zum allerersten Mal hätte er sich gefreut, das laute Schmatzen seines Bruders zu hören. Auch die anderen wurden jetzt nervös, das merkte er. Immer wieder hob einer von ihnen den Kopf und blickte sich um. Schließlich fing Streuner an zu rufen, und alle stimmten mit ein. Sie riefen und lauschten, riefen und lauschten, bis die Sonne dem Horizont ganz nahe war. Ihr letztes gemeinsames *Ai!* hallte traurig durch die Dämmerung, ehe Geist verstummte. Bewegungslos schaute er in die dunkle Ferne.

„Tatze wird nicht kommen", sagte er dann leise. „Ich fürchte, die Menschen haben ihn erwischt."

Ein hohes Jaulen drang aus Schattens Brust. „Du glaubst, er wurde gefangen genommen?"

Geist zögerte. Es schien nicht genau das zu sein, was er gedacht hatte. „Vielleicht", antwortete er ausweichend und senkte den Kopf. „Möglich ist alles. Auf jeden Fall müssen wir jetzt weiterziehen."

„Was?" Entsetzt starrte Schatten ihn an. Er hoffte, dass er den Älteren falsch verstanden hatte, doch Kralle stimmte zu: „Ja, und zwar schnell. Ist zwar schade um dieses Revier, aber wir finden schon einen anderen guten Ort im Reich der Geparde."

„Ich verstehe nicht, was ihr meint!", rief Schatten schrill. „Warum sollten wir denn ausgerechnet jetzt von hier weggehen?"

„Wir können nicht bleiben, wenn sie in diesem Gebiet angefangen haben, Jagd auf Geparde zu machen." Kralle blickte sich düster um, als erwartete er, dass gleich ein Mensch hinter einem der Büsche hervorspringen würde. „Tut mir leid um den jungen Vielfraß, aber so ein Risiko dürfen wir nicht eingehen."

„Doch!", schrie Schatten und schlug mit beiden Vorderpfoten auf die Erde. „Das müssen wir! Vergesst das Risiko, vergesst die Vorsicht, vergesst den ganzen verdammten Weg der Geparde – wir suchen jetzt nach meinem Bruder!" Mit wild hämmerndem Herzen wartete er ab, doch die anderen reagierten nicht. Sogar Streuner wich seinem Blick aus, und da wusste Schatten, dass er verloren hatte.

„Gut, dann suche ich eben ohne eure Hilfe nach ihm", stieß er hervor. „Ich weiß, dass Tatze hier irgendwo in der Nähe ist. Das spüre ich einfach! Ihr könnt von mir aus verschwinden, wenn ihr unbedingt wollt."

„Welpe", sagte Kralle überraschend sanft, „sei doch nicht wieder so ein Dummkopf. Allein wirst du auf gar keinen Fall zurechtkommen."

„Ich bin ja nicht allein. Tatze wird bald wieder bei mir sein", gab Schatten trotzig zurück. „Schon vor langer

Zeit hab ich geschworen, dass ich ihn niemals im Stich lasse, und dieses Versprechen halte ich auch!" Im nächsten Moment fiel ihm ein, dass er sich ebenso geschworen hatte, immer auf Geist zu hören. Er hatte geglaubt, dass dann überhaupt nichts schiefgehen könnte, und vielleicht würde jetzt alles *ganz fürchterlich* schiefgehen. Aber das änderte nichts. Er war nun mal ein Gepard, der sich für die schlechtesten Chancen entschied.

Ohne sein Team noch einmal anzusehen, rannte er los. Die Nacht brach herein, und er merkte, dass sie ihm zum ersten Mal Angst machte. Jetzt gab es keine Jägerin, die über ihn wachte; keine starken Freunde, die mit ihm zusammen auf die Pirsch gingen. Doch er versuchte, sich einzureden, dass ein Leopard ihn allein viel schlechter sehen konnte als im Team. Hoffentlich würde ihm auch sein seltsames Finsterfell nützlich sein! Allerdings konnte er wohl kaum nach Tatze rufen und gleichzeitig unauffällig bleiben. Kurz zögerte er, aber dann formte sich in seinem Kopf wie immer die passende Idee. Wenn Tatze noch lebte – und daran gab es nicht den geringsten Zweifel! –, dann wollte er garantiert zu Schatten zurück. Sicher war er bloß ein wenig durch das Revier gestreift und hatte sich dabei verirrt. Tatze war ein guter Kerl, aber es stimmte, was die Jägerin über ihn gesagt hatte: Seine Weisheit musste erst noch kommen. Trotzdem wäre er immerhin schlau genug, um nach den auffälligsten Punkten des Reviers Ausschau zu halten. Also nach den Botschaftsbäumen!

Mit neuem Mut stürmte Schatten weiter. Es gab in der Nähe gleich zwei Stellen, die sie als Team regelmäßig besucht hatten: einen Hirtenbaum mit besonders tief herabhängenden Ästen – und den Kameldornbaum, an dem er, Tatze und Streuner zum ersten Mal den Herrschern begegnet waren. Schatten lief zuerst zum

Kameldorn und musste enttäuscht feststellen, dass dort kein verlegener Bruder auf ihn wartete. Außerdem tat es weh, die alten Duftmarken des Teams zu erschnuppern und im Mondlicht ihre Kratzspuren zu sehen. Eilig machte er sich auf den Weg zum anderen Botschaftsbaum, und schon aus der Ferne erkannte er, dass sich dort etwas verändert hatte. Früher war dieser Baum von allen Seiten gut erreichbar gewesen, doch nun schienen massenhaft Dornenbüsche um den Stamm zu wuchern. Es gab zwar einen Durchgang, aber der sah reichlich merkwürdig aus: ganz gerade und eckig, wie nichts anderes, das Schatten jemals gesehen hatte ...

Oder doch? Verunsichert blieb er stehen. Auch die rollenden Felsen waren so gleichmäßig geformt! Dieser Tunnel hier wirkte eindeutig wie etwas, das zu den Menschen gehörte. Unwillkürlich bleckte Schatten die Zähne. Jetzt war die Gelegenheit, auf Geists Rat zu hören. Keine zehn Antilopen würden ihn dazu bringen, das eckige Ding zu betreten!

Gerade wollte Schatten sich abwenden, als ihn ein Geräusch erstarren ließ. Es fuhr wie ein Blitz durch seinen Körper und mitten in sein Herz. „Tatze!“, jaulte er und schoss auf den Hirtenbaum zu. Vergessen waren

Geists Warnungen und die Furcht vor dem Tunnel. Jetzt konnte er seinen Bruder wittern, und es war ein Geruch voller Verzweiflung. „Was machst du denn bloß in diesem Ding? Komm sofort da raus!"

„Schatten?", fiepte es zurück. „Oh, du bist es! Aber ich – ich kann nicht ..."

„Was soll das heißen?" Aufgeregt schnüffelte Schatten an dem Tunnel, aus dem die Stimme seines Bruders drang. Es war zu dunkel, um jemanden darin zu erkennen, aber die Öffnung war groß genug. Tatze hätte hindurchspazieren können, ohne auch nur den Kopf einzuziehen! Trotzdem piepste er jämmerlich weiter: „Ich hatte solchen Hunger, also bin ich frühmorgens losgegangen, um auf einem Baum Ausschau zu halten. Dachte, ich könnte mir eine Impala fangen oder so. Aber dann war da diese Höhle, aus der es unheimlich gut geduftet hat. Ich bin rein, hab gefressen, und jetzt kann ich nicht mehr ins Freie! Geh lieber weg, bevor du auch noch verschlungen wirst!"

Schatten stöhnte. Er hatte zwar geahnt, dass sein Bruder sich verirrt hatte, aber ganz bestimmt nicht in einem geraden Tunnel! Was für ein Glück, dass Tatze nicht als Erdmännchen auf die Welt gekommen war.

„Du bist echt ein Antilopenköttel", schimpfte Schatten und trat durch die Öffnung. „Der Einzige, der ständig was verschlingen muss, bist du! Ich hol dich jetzt da raus, aber nachher erklär ich dir, wie viel Ärger du uns beiden eingebrockt hast. Wenn Mama oder Flaum dich sehen könnten, würden sie dir garantiert die Ohren –"

Weiter kam er nicht. Hinter ihm schepperte es, und ein Luftzug peitschte über seinen Nacken. Wie festgefroren stand er einen Moment lang im Tunnel. Dann schnellte er herum, und sein Blick traf auf eine Wand aus glänzenden, harten Stäben.

Nun saßen er und Tatze beide in der Falle.

23. Kapitel

Zerbrochene Träume

Schatten tobte. Fauchend sprang er hin und her, trommelte auf den Boden und warf sich von innen gegen die Falle, bis sein ganzer Körper schmerzte. Nie zuvor hatte er solche Wut verspürt: auf sich selbst, weil er so fürchterlich dumm gewesen war. Auf die harten Gitterwände um ihn herum, die nicht einmal ein Löwe hätte zerbrechen können. Und ganz besonders auf die Menschen, die kurz nach Sonnenaufgang in einem rollenden Felsen bei dem Botschaftsbaum ankamen.

Als sie ausstiegen, sah Schatten diese seltsamen Zweibeiner zum ersten Mal aus der Nähe. Obwohl sie einen schwächlichen Eindruck machten, rochen sie nicht wie Beute. Auch nicht wie die Räuber, mit denen er von klein auf zu tun gehabt hatte. Doch es gab keinen Zweifel, dass sie Räuber waren! Sie hatten ihm und seinem Bruder die Freiheit geraubt, und das fühlte sich schlimmer an als alle anderen Verluste, die Schatten je erlebt hatte. Also tobte er immer weiter, während die Menschen ihn aus großen Augen anstarrten. Sie zogen die Mundwinkel zurück wie ängstliche Paviane, schienen sich aber kein bisschen zu fürchten. Es wirkte eher, als freuten sie sich über ihren Fang.

„Ihr macht einen Fehler!“, schleuderte Schatten ihnen entgegen. „Wir haben euren Herden kein einziges Haar gekrümmt! Lasst uns gefälligst hier raus!“

Natürlich hörten sie nicht auf ihn. Nachdem sie ihn noch eine Weile bestaunt hatten, hoben sie sein Gefängnis mit vereinten Kräften hoch und stellten es hinten auf ihren Felsen. Tatze wurde ebenfalls aufgeladen, dann verschwanden die Menschen durch die Felsöffnungen.

Schatten spürte, dass der Boden unter ihm zu schlingern begann. *Wir rollen*, dachte er. *Sie bringen uns fort.*

Durch das Gitter beobachtete er, wie seine vertraute Welt vorüberzog. Er sah Ebenen, auf denen er und sein Team gejagt hatten. Markierte Lieblingsplätze, Aussichts-

hügel und Orte, an denen er zufrieden eingeschlafen war. Kurz hoffte er, Streuner und die anderen zu entdecken, aber diesen Wunsch schlug er sich gleich wieder aus dem Kopf. Die drei waren auf und davon, und genau so sollte es sein. Dann blieben sie wenigstens verschont.

Der Felsen bog auf eine staubige Straße ab und kam in eine Gegend, die Schatten nicht kannte. Sie war nicht weit von dem Revier entfernt, aber er begriff, warum Geist das Team niemals hierhergeführt hatte: Da standen riesengroße, eckige Höhlen. Keine, die sich bewegen konnten, doch auch sie hatten eindeutig mit den Menschen zu tun. Das Schlingern hörte auf, und die Fallen wurden von dem Felsen gehoben. Mittlerweile war Schatten vom sinnlosen Kämpfen völlig erschöpft. Keuchend lag er auf dem Boden und reagierte zu spät, als sein Gefängnis plötzlich geöffnet wurde.

Mit etwas Verzögerung schoss er ins Freie, aber da hatten die Menschen sich bereits aus dem Staub gemacht. *Vielleicht haben sie ja doch Angst vor uns*, dachte er grimmig, schaute sich mit gebleckten Zähnen um – und sein letztes bisschen Kampfgeist fiel in sich zusammen.

Die Menschen hatten Tatze und ihn nicht freigelassen, sondern bloß in ein neues Gefängnis gebracht. Es war größer, und in einem Winkel gab es Wasser und Aas, aber das machte es nicht besser. Im Gegenteil: Eine Falle war nur für kurze Zeit gedacht, aber dieser Ort ... Der war vielleicht für immer.

Verzweiflung überrollte Schatten wie eine kalte Welle. Ein Jaulen erklang, und für einen Moment glaubte er, dass es aus seiner eigenen Kehle gedrungen war. Dann sah er Tatze, der mit angelegten Ohren und krummem Rücken vor der anderen Falle stand.

„Ich mag das nicht", fiepte Tatze. „Wirklich kein bisschen. Was soll das alles? Schatten, verstehst du das?"

Mühsam holte Schatten Luft. „Ja und nein. Ich weiß nicht, warum die Menschen so was mit uns machen, aber Geist hat mir eine ähnliche Geschichte erzählt. Er war eine ganze Trockenzeit lang eingesperrt, bevor ihn andere Menschen befreit haben."

„Und wenn sie ihn nicht befreit hätten?"

Schatten antwortete nicht. Er hatte genug damit zu tun, in seiner Verzweiflung nicht zu ertrinken. Auch Tatze blieb eine Weile ungewöhnlich still, dann platzte er heraus: „Das ist alles nur meine Schuld! Mein Rufen hat dich in die Falle gelockt ..."

„Du kannst nichts dafür", entgegnete Schatten dumpf. „So sah der Plan der Menschen eben aus."

„Und was ist jetzt *unser* Plan?" Hoffnungsvoll schaute Tatze ihn an, genau wie immer, wenn er nicht weiterwusste. Doch Schattens Kopf war leer. Diesmal blubberten keine Ideen an die Oberfläche wie Luftblasen in einem Wasserloch.

Vielleicht hätte es besser immer so sein sollen. Warum war er nicht dem Weg der Geparde gefolgt, anstatt irgendwelchen Träumen nachzujagen? Eigentlich war es nicht Tatzes Schuld, dass sie hier gelandet waren, sondern seine eigene. Nur seinetwegen hatten sie das Reich der Geparde betreten, seinetwegen ein großes Team gegründet – und genau deshalb hatte sein Bruder vergessen, vorsichtig zu sein.

Rastlos begann Schatten, in dem Gefängnis hin und her zu laufen. Von den engen Kreisen wurde ihm schwindelig, aber er schleppte sich trotzdem immer weiter am Zaun entlang, als könnten die glänzenden Fäden einfach verschwinden.

„Willst du gar nichts fressen?", piepste Tatze hinter ihm. „Es ist Aas, aber ich glaub, es ist nicht übel."

„Friss du nur. Ich hab keinen Hunger." Unbeirrt trottete Schatten weiter. Hin und her, hin und her. Er wusste jetzt schon, dass er das keine ganze Trockenzeit lang aushalten würde. Vorher würde er den Verstand verlieren. Hin und her, hin und her ...

„Was ist mit Schlafen?", fragte Tatze irgendwann, und Schatten merkte, dass die Sonne fast untergegangen war. „Willst du wenigstens das?"

„Wozu?"

„Wir müssen doch bei Kräften bleiben!"

„Aber wozu?"

Da gab Tatze auf. Allmählich begriff wohl auch er, dass sie hier überhaupt nichts mehr tun konnten. Ihre neue Welt war winzig klein, aber mit einer unendlich großen, schrecklichen Leere gefüllt. Traurig kroch er zwischen die beiden Fallen, als wären sie schützende Dornenbüsche, und kauerte sich zusammen. Sofort bereute es Schatten, dass er Tatze die letzte Hoffnung genommen hatte. Eigentlich gab es doch etwas, das er in diesem Gefängnis tun konnte: Schnell kuschelte er sich neben seinen Bruder und fing an zu schnurren.

„Was machst du?", nuschelte Tatze, ohne den Kopf zu heben.

„Ich schnurre, damit es dir besser geht", antwortete Schatten. „Weißt du noch? *Ich schnurre dich gesund.*"

Tatze schniefte leise. Es dauerte eine Weile, aber dann gelang auch ihm ein Schnurren, und so trösteten die Gepardenbrüder sich gegenseitig in den Schlaf.

Im Morgengrauen wurde Schatten von einem Grummeln geweckt. Zuerst glaubte er, es käme von Streuner, der manchmal im Traum die seltsamsten Geräusche machte. Er bildete sich sogar ein, Streuner riechen zu können! Als ihm einfiel, dass er seinen Freund niemals wiedersehen würde, fühlte er sich zuerst am Boden zerstört – und dann hellwach.

Das Grummeln war noch da. *Das* hatte er sich nicht eingebildet! Mit angehaltenem Atem richtete er sich auf und spitzte die Ohren. Er hörte das verschlafene Gackern irgendwelcher Vögel, die vermutlich in der Nähe eingesperrt waren, aber von denen kam das Grummeln nicht. Wer auch immer das war, befand sich eindeutig auf *dieser* Seite des Zaunes! Ganz leise, um Tatze nicht zu stören, pirschte Schatten los. Kaum hatte er die Fallen umrundet, fiel sein Blick auf das Futter. Oder jedenfalls auf das, was davon noch übrig war. Nicht mal die größte Traurigkeit schien Tatze den Appetit verderben zu können, denn er hatte fast alles aufgefressen. Bis auf die Knochen natürlich; die wurden von Geparden immer zurückgelassen. Aber es gab jemanden, der diese Reste offenbar sehr verlockend fand ...

„Nein", sagte Schatten laut. „Nicht mit mir!"

Natürlich war es dumm, sich in seiner verzweifelten Lage über so etwas aufzuregen. Trotzdem würde er jetzt garantiert nicht zulassen, dass ihn ein Stachelschwein beklaute! Fauchend machte er einen Satz in Richtung des stämmigen, braun-weißen Diebes und fühlte sich in diesem Moment beinahe gut. Es gab also noch etwas, das er hier tun konnte: einen Streit gewinnen, den er vor langer Zeit mal verloren hatte.

Das Stachelschwein wirkte nicht beeindruckt. Als Schatten mit den Vorderpfoten auf den Boden schlug, stampfte es ebenfalls mit seinen kleinen Füßen und rasselte mit der Schwanzquaste. Allerdings machte es sich nicht die Mühe, Schatten zu stechen. Knochen waren gut zum Nagen. Aber nicht wirklich sättigend. Außerdem war die Nacht jetzt vorbei, und das Stachelschwein wurde müde. Also trat es nach ein paar Drohgebärden den Rückzug an: Erstaunlich flink huschte es in eine

Ecke des Gefängnisses, machte seine Stacheln so flach wie möglich – und stand plötzlich auf der anderen Seite des Zaunes. Dann wackelte es davon.

Im nächsten Augenblick fegte Schatten zu Tatze hinüber und kniff ihn ins Ohr.

„Au!", quiekte der. „Was soll das? Hab ich geschnarcht?"

„Weißt du noch, was ich damals nach meinem Streit mit dem Stachelschwein gesagt habe?", gab Schatten aufgeregt zurück.

Tatze wimmerte. Er schien diese Frage nicht sonderlich dringend zu finden, antwortete aber brav: „Dass du Stachelschweine für immer und ewig hassen wirst. Dass sie fies sind und stinken und ..."

„Vergiss das alles. Jetzt *liebe* ich Stachelschweine!"

„Was?" Verblüfft sprang Tatze auf und folgte Schatten zu dem Winkel, in dem das Stachelschwein verschwunden war. Es konnte weder fliegen noch ein glänzendes hartes Menschennetz zerreißen. Aber im Graben waren Stachelschweine einsame Spitze – und der Tunnel, der unter dem Zaun hindurchführte, war vielleicht sogar groß genug für einen Gepard.

24. Kapitel

In der Klemme

Das Loch unter dem Zaun wirkte im blassen Morgenlicht beinahe schwarz. Ein bisschen erinnerte es Schatten an ein aufgesperrtes Maul, und Tatze schien etwas Ähnliches zu denken. Anstatt sich über dieses Meisterwerk des Stachelschweins zu freuen, schnupperte er argwöhnisch daran.

„Sollen wir einfach versuchen, da durchzuschlüpfen?", wisperte er. „Was, wenn die Menschen uns erwischen und dann furchtbar böse werden?"

„Es sind gerade keine Menschen in der Nähe", versicherte ihm Schatten. „Sonst würden wir sie doch hören, riechen oder sehen. Die sind bestimmt nicht gut darin, sich anzupirschen!"

„Hier riecht aber *alles* nach Mensch", beharrte Tatze. „Und ich hab vorhin so ein komisches Rascheln gehört ..."

„Du hast vorhin tief und fest geschlafen." Ungeduldig peitschte Schatten mit dem Schwanz, aber dann setzte er sich wieder neben seinen Bruder und spähte durch

den Zaun nach draußen. Von hier aus konnten sie die Behausungen der Menschen kaum erkennen, weil ihr Gefängnis von Bäumen und Sträuchern umgeben war. Vermutlich hatten die Menschen diesen Platz aus demselben Grund gewählt, aus dem Geparde ihre Beute gern ins Gestrüpp zerrten: Andere sollten nicht sehen, was sie da Großartiges erwischt hatten. Gerade wollte Schatten sagen, dass das Rascheln bestimmt nur ein Windstoß in den Zweigen gewesen war, da zuckte Tatze zusammen. Mit weit aufgerissenen Augen starrte er ins Gebüsch.

„Dort hinten ist jemand!“, quiekte er.

„Wa...“ Schatten unterdrückte ein verblüfftes Jaulen. *Jemand* kam hinter einem Busch hervor, huschte bis zum Stachelschweinloch und fragte dann so unverschämt, wie kein anderer das konnte: „Na, was habt ihr vor, Freunde? Wollt ihr unbedingt da drin vergammeln?“

Schattens Herz schien zu hopsen wie ein Springbock zur Regenzeit. Am liebsten hätte er sich auf Streuner geworfen und ihn von oben bis unten abgeleckt! „Du“, japste er. „Bist du uns etwa hierher gefolgt?“

„Klar doch. Ein Team ohne euch ist wie mein Pelz ohne Ungeziefer: viel zu perfekt und ziemlich öde." Streuners Augen funkelten vergnügt, aber er wirkte auch nervös. Schnell blickte er sich um, ehe er weitersprach: „Ich hab euch schon eine ganze Weile beobachtet und mir den Kopf darüber zerbrochen, wie ich euch helfen könnte. Wer hätte gedacht, dass ausgerechnet ein Stachelschwein das Problem lösen würde? Jetzt aber nix wie raus da!"

„Wo sind die anderen? Sitzen die noch im Gebüsch?", fragte Schatten aufgeregt.

Streuner wich seinem Blick aus. „Echt, ihr solltet euch beeilen", drängte er. „Soweit ich weiß, sind Menschen immer tagsüber unterwegs, und es ist schon ziemlich hell ..."

Schattens Herz hörte zu hüpfen auf. „Sie sind nicht da", sagte er leise. „Kralle und Geist. Die beiden sind nicht mitgekommen, hab ich recht?"

Streuner seufzte. „Ja, leider", gestand er. „Ich hab ihnen vorgeschlagen, in sicherer Entfernung zu warten. Aber du weißt doch, wie sehr Geist die Menschen hasst! Und wo Geist hingeht, da ist auch Kralle."

Tief in seinem Inneren spürte Schatten einen Stich. Also waren Kralle und Geist weitergezogen, und ihre Freundschaft war endgültig zerbrochen. Nie, nie mehr würden sie zu fünft durch die Savanne streifen ... Aber er, Tatze und Streuner konnten vielleicht wieder ein Team werden! Ohne noch länger zu zögern, presste Schatten sich in den Staub und kroch los.

Für jemanden, der die Weite so sehr liebte wie ein Gepard, war dieses Loch fürchterlich eng. Schatten hielt den Atem an, während der Zaun an seinem Rücken schabte. Hilflos ruderte sein Schwanz durch die Luft, dann schaffte er es, sich mit den Hinterpfoten abzustoßen. Noch ein kräftiger Ruck – und er war frei.

Nur kurz erlaubte er sich, seinen Kopf an Streuner zu reiben. Gleich darauf wandte er sich zu seinem Bruder, der ebenfalls zu kriechen begann. Kopf und Vorderpfoten hatte Tatze schnell auf die andere Seite gezwängt, aber dann ging es nicht weiter. Eine Hälfte war frei, die andere gefangen. Verzweifelt strampelte er mit den Hinterpfoten, machte eine halbe Drehung und verkeilte sich immer mehr zwischen Erde und Zaun.

„Schatten", quiekte er. „Hiiilfe!"

Hektisch begann Schatten, neben Tatze im Staub zu scharren. Dabei verfluchte er seine stumpfen Krallen, die mit denen eines Stachelschweins überhaupt nicht mithalten konnten. Streuner flitzte zu einem Baum und zog sich den Stamm hinauf. Er kletterte längst nicht mehr so geschickt wie früher, als er mager gewesen war, aber er schaffte es bis auf die unterste Astgabel. Dort verharrte er einen Moment lang, dann jaulte er plötzlich: „Menschenalarm! Sie haben ihre Höhle verlassen und kommen geradewegs hierher!"

Panik schnürte Schatten die Kehle zusammen. „Lauf", keuchte er. „Bring dich in Sicherheit, während ich versuche, Tatze da rauszukriegen!"

Zum ersten Mal hörte Streuner nicht auf ihn. Er schlitterte zwar den Baumstamm hinunter, aber statt zu fliehen, machte er sich ebenfalls an dem Loch zu schaffen. Mit vereinten Kräften gelang es den beiden, einen großen Stein zu lösen. Tatze zappelte wild, bis er endlich ins Freie rutschte. Schwer atmend richtete er sich auf. „Ich hab doch mal gesagt", ächzte er, „ich würde gern einen ganzen Elefanten fressen ..."

Schatten holte tief Luft. „Ja?"

„Das lass ich lieber", erklärte Tatze überaus weise.

Dann wirbelten die Freunde herum und stürmten los.

25. Kapitel
Ein ungleiches Rennen

Während sie das Gefängnis hinter sich ließen, glaubte Schatten fest daran, dass alles gut werden würde. Sie waren erschöpft, aber sie waren immer noch Geparde. Auch ein schwacher Gepard konnte einen Menschen mit Leichtigkeit abhängen! Doch als in der Ferne ein Brummen ertönte, wurde Schatten klar, dass sie noch lange nicht in Sicherheit waren.

Streuner schaute sich um und keuchte entsetzt. „Sie kommen uns in ihrem Felsen hinterher!"

Nun drehte auch Schatten den Kopf, und ihn durchfuhr ein eisiger Schreck. Die Menschen ließen dieses Ding schneller rollen, als er es je zuvor gesehen hatte! Wild rumpelten sie über Hügel und durch kleine Gräben, während der Staub hoch in die Luft geschleudert wurde. Es schien ihnen unheimlich wichtig zu sein, ihre entflohene Beute zurückzuholen. Aber wie wollten sie das anstellen? Denn natürlich würden die Gepardenbrüder nie wieder in eine Falle tappen ...

Und dann erinnerte sich Schatten plötzlich an Geists Geschichte. Das Wichtigste hatte er vor Aufregung vollkommen vergessen: Die Menschen waren nicht nur schneller als ihre eigenen Beine, sondern auch gefährlicher als ihre Zähne und Klauen. „Beeilt euch!", schrie er den anderen zu. „Wenn sie uns mit ihren magischen Stöcken treffen, ist alles aus!"

Tatze und Streuner stellten keine Fragen. Stumm senkten sie die Köpfe und versuchten, wie bei der Jagd zu fliegen. Doch das hier war kein Sprint, es war ein Dauerlauf. Tatze konnte kaum noch mithalten, und Streuner rang mühsam nach Luft. Auch Schatten spürte, wie seine Beine schwer wurden. Unerbittlich kam das Brummen näher, dröhnte in Schattens Ohren, vibrierte in seinem Bauch. Ein rollender Felsen wurde nicht müde. Er konnte die Geparde immer weiter vor sich hertreiben, so wie Hyänen eine Antilope, und irgendwann würde er sie einholen.

Abermals drehte Schatten den Kopf und wäre um ein Haar gestolpert. Zwei neue Staubwolken waren hinter ihnen aufgetaucht. Kleinere Staubwolken ... und unfassbar schnelle. Wie von fern hörte Schatten das Fiepen seines Bruders: „Sind das etwa Kralle und Geist?!"

Niemand antwortete. Sie hatten genug damit zu tun, weiterzulaufen und sich gleichzeitig immer wieder umzusehen. Der Anblick kam Schatten vor wie der verrückteste aller Träume. Kralle und Geist hatten ihre Freunde nicht im Stich gelassen, sondern sich auf die Suche nach ihnen gemacht! Trotz Geists Geschichte, trotz seiner Angst! Doch jetzt befand sich der rollende Felsen genau zwischen ihnen und den drei Jungen. Es war klar, was vorsichtige, kluge Geparde jetzt tun würden: aufgeben und fliehen.

„Wir rennen nicht, wenn wir sehen, dass ein Beutetier viel zu schnell sein wird", hatte Geist gesagt. *„Und wir opfern nicht unsere Kraft und Gesundheit für Kämpfe, die wir nur verlieren können."*

Die Erinnerung flackerte durch Schattens Gedächtnis und erlosch. Sie hatte keine Bedeutung mehr. Für Kralle und Geist zählte nur noch ihr Team, und sie wollten es um jeden Preis erreichen. Wie zwei goldene Blitze sausten sie weiter, holten die Menschen ein, waren einen Moment lang mit ihnen auf derselben Höhe. Und dann, auf dem Gipfel der Geschwindigkeit, schlugen sie einen Haken.

Schattens Herz setzte einen Schlag aus.

Es war das Manöver, mit dem man ein Beutetier von seiner Herde trennt. Menschen waren keine Beute, und so vieles, was sie taten, ergab keinen Sinn – aber jetzt reagierten sie genau wie eine erschrockene Gazelle. Sie versuchten auszuweichen, und ihr rollender Felsen geriet ins Schleudern. Ziellos rutschte er über Schotter und Staub, bis er gegen einen Termitenhügel prallte. Ein lautes Scheppern ließ Schatten zusammenzucken, dann wurde es totenstill. Der Felsen der Menschen brummte nicht mehr.

Auch die drei jungen Geparde waren stehen geblieben. Ängstlich starrten sie zu der riesigen Staubwolke, die auf das trockene Gras niedersank. Darin erkannte Schatten wie durch einen Nebel den zerdrückten Felsen. Er hatte sich an beiden Seiten geöffnet, und seine Mäuler spuckten Menschen aus: wild zappelnde Menschen, deren Gebrüll weit über die Ebene schallte. Einer von ihnen tauchte gleich wieder zur Hälfte in den Felsen, als wollte er etwas herausholen. Bevor Schatten sehen konnte, was das war, bekam er von Streuner einen Stoß. „Worauf wartest du? Nun renn schon, Finsterfell!"

Schatten gehorchte. Er rannte, ohne sich noch ein

einziges Mal umzudrehen, doch die Ohren hielt er die ganze Zeit nach hinten gerichtet. Kralle und Geist hatten ihnen eine Chance verschafft, und die mussten sie nutzen. Aber wo waren die beiden? Kamen sie ihnen hinterher, oder ...

Mit aller Kraft verbot sich Schatten weiterzudenken. Wieder hörte er menschliches Gebrüll, dann krachte es. Auch darüber durfte er sich jetzt keine Gedanken machen. Er vergrub seine Angst tief in seinem Inneren und konzentrierte sich nur noch auf seine Pfoten.

Die Freunde verließen die kahle Ebene und kamen in eine Gegend, in der es viel mehr Deckung gab. Anstelle von gelbem Gras wuchsen hier Bäume und Gestrüpp. Als hätten sie sich abgesprochen, wurden die drei langsamer, und schließlich blieb Tatze stehen.

„Was war das?", zirpte er. „Dieser Knall? Es kommt doch gar kein Gewitter ..."

Bei dieser Frage konnte Schatten seine Angst nicht länger unterdrücken. Er begann zu zittern, und seine Brust wurde eng. Zwar hatte er keine Ahnung, wie magische Stöcke klangen, aber vielleicht waren sie ja so laut wie Donner? „Ich glaub", sagte er mit dünner Stimme, „die Menschen haben einfach nur den Eingang zu ihrem Felsen zugeklappt. Das macht genau so einen Krach, oder?"

„Vielleicht sind die Menschen auch vor lauter Wut geplatzt", meinte Streuner. Aber seine Augen funkelten nicht wie sonst, wenn er Späße machte. Hoch aufgerichtet blickte er sich um, und jeder wusste, wonach er Ausschau hielt. „Lasst uns ... mal ein bisschen die Gegend erkunden", fügte er stockend hinzu. Und dann, noch ein bisschen leiser: „Wenn sie entkommen sind, müssen sie hier irgendwo sein."

Also schlichen sie witternd durchs Gestrüpp, obwohl ihre Beine schwach waren und ihre Ballen schmerzten. „*Ai!*", riefen sie im Chor. „Kralle, Geist, wo seid ihr?"

Nichts. Nur der Wind in den Zweigen und entferntes Vogelgeschrei. Verzweifelt lief Schatten noch einige Schritte weiter, lauschte, drehte suchend den Kopf ... Dann sah er es.

Hinter einem Dornenbusch ragten gepunktete Pfoten hervor, und sie bewegten sich nicht.

26. Kapitel

Neue Wege

Mit einem hohen Wimmern stolperte Schatten los. Er merkte, dass er wie ein Welpe klang, aber es war ihm egal. In diesem Moment fühlte er sich auch wie ein Welpe: winzig klein und kein bisschen tapfer. Die Pfoten lagen so still, *so still*, dass Schatten am liebsten gar nicht hinter den Busch geschaut hätte. Eine Gepardenlänge davon entfernt blieb er stehen, während Streuner und Tatze ihn einholten. Mit großen Augen blickten sie ebenfalls auf diese reglosen Pfoten, die sie alle nur zu gut kannten.

„Sie schlafen nur", presste Schatten hervor.

Tatze schniefte. „Und wenn nicht?"

„Bestimmt."

„Schau bitte mal nach", piepste Tatze.

„Schau du doch nach!"

„Ich mach's", sagte Streuner.

„Wehe", sagte der Busch.

Alle drei erstarrten. Die Pfoten verschwanden hinter

den Zweigen, und die knurrige Stimme fuhr fort: „*Wehe*, wenn ihr uns noch länger mit eurem Gefiepe auf die Nerven geht!“

Da gab es für Tatze, Schatten und Streuner kein Halten mehr. Außer sich vor Freude sausten sie hinter den Busch, und beim Anblick der beiden älteren Geparde tschilpten sie wie ein ganzer Vogelschwarm.

„Sie lärmen einfach weiter“, bemerkte Kralle trocken. „Wunderbar.“ Schwer atmend lag er auf der Seite, doch sein Blick wirkte genauso grimmig wie sonst. Auch Geist zeigte die Zähne, als fände er es ausgesprochen lästig, bejubelt zu werden.

Schatten achtete nicht darauf. „Warum habt ihr uns denn nicht gerufen?“, japste er, während er sich schnüffelnd davon überzeugte, dass die beiden unverletzt waren. „Wir dachten schon, die Menschen hätten euch erwischt!“

„Wolltet noch ein bisschen versteckt bleiben, stimmt's?“, fragte Tatze mit wissender Miene. „Bloß zur Sicherheit. War bei mir auch mal so.“

„Unsinn“, sagte Geist. „Wir mussten einfach erst verschnaufen. Zufällig verdanken wir euch nämlich die wildeste und anstrengendste Jagd unseres Lebens!“

„Oh.“ Betreten zog Schatten den Kopf ein, aber Streuner kannte keine Verlegenheit.

„Jaaa, das war der Wahnsinn“, schwärmte er. „Dass ihr diesen rollenden Felsen vom Weg abgebracht habt – superriskant und echt verrückt! Wie seid ihr bloß darauf gekommen?“

„Wir haben viel Zeit in verrückter Gesellschaft verbracht. So was färbt wohl ab.“ Kralle erhob sich ächzend, dann warf er Geist einen auffordernden Blick zu. „Geht's wieder? Machen wir lieber, dass wir von hier wegkommen.“

Geist stand ebenfalls auf. „Richtig. Suchen wir uns endlich ein neues Revier!“

Da wurde plötzlich auch Streuner ganz kleinlaut. Die Jungen wechselten bange Blicke, bis Schatten sich nicht länger zurückhalten konnte. „Wir?“, wiederholte er. „*Wir* suchen uns ein neues Revier? Meinst du etwa ...“

„Meinen guten alten Freund Kralle und mich“, sagte Geist, und die beiden setzten sich in Bewegung. Sie machten einen Schritt, noch einen ... Dann drehten sie sich genau gleichzeitig um.

„Und drei unreife Bürschchen, die wir anscheinend nie wieder loswerden“, ergänzte Kralle.

Diesmal war der Jubel fast noch lauter als zuvor. Die drei unreifen Bürschchen stürzten zu Kralle und Geist, rieben die Köpfe an ihnen und leckten ihnen die Wangen. Kralle und Geist ließen sich absichtlich ins Gras fallen, so wie damals die Jägerin, wenn sie mit ihren Kindern gerauft hatte. „Ja, niiiie wieder werdet ihr uns los!", quiekte Tatze selig, und Streuner fügte hinzu: „Genau wie meine Flöhe!"

Kralle stoppte mitten in der wildesten Kuschelei. „Du hast doch nicht *wirklich* Flöhe, oder?!"

„Nein!", jauchzte Streuner. „Höchstens ganz klitzekleine!"

Geist hatte sich inzwischen aus dem Knäuel gelöst und blinzelte Schatten zu. „Wäre doch ein langweiliges Leben, ohne euch hin und wieder die Pelze zu retten", sagte er. „Ganz besonders dir, du Honigdachs."

Schatten blinzelte glücklich zurück. Er wusste, dass er bei Weitem nicht immer so tapfer und wehrhaft sein konnte, wie er sich das als Welpe erträumt hatte. Das machte nichts. Er würde alte Wege gehen und neue, manche sicher und manche voller Abenteuer – aber alle Wege zusammen mit seinen Freunden.

Als hätten die anderen seine Gedanken gelesen, entwirrten sie jetzt ihre Pfoten. Sie streckten sich, atmeten tief durch, schüttelten Staub und Müdigkeit aus ihrem Fell. Dann wanderten sie Seite an Seite ins Grasland hinaus: Fünf Geparde, genau nebeneinander ... Und ihre Schatten verschwammen im Licht der Morgensonne zu einem einzigen.

Und wie ist das alles wirklich?

Hallo, du!

Nachdem du Schatten und seine Freunde bis hierher begleitet hast, fragst du dich vielleicht, ob diese Geschichte wirklich passiert ist. – Ja, zum Teil! Schatten entspringt zwar meiner Fantasie, aber ein Team aus fünf Geparden hat es tatsächlich gegeben. Diese Gruppe wurde „Tano Bora" genannt, das bedeutet „Die Glorreichen Fünf". Es waren zwei Brüderpaare und ein Einzelgänger, die sich vermutlich im Jahr 2016 kennenlernten. Obwohl sie ganz verschiedene Persönlichkeiten hatten, ist es ihnen gelungen, lange Zeit eng zusammenzuleben. Sie wurden sehr berühmt unter Forschern und Touristen, denn eine derart große Gruppe Geparde hatte man vorher noch nie beobachtet. Vielleicht haben sie sich ja zusammengeschlossen, weil das Leben für ihre Art immer schwieriger wird?

Leider gibt es heute kaum mehr als 7000 Geparde in freier Wildbahn, und sie sind stark gefährdet: vor allem durch illegalen Handel und Konflikte mit Farmern. Tierschützer arbeiten daran, das Zusammenleben zwischen Menschen und Geparden zu verbessern. Zum Beispiel könnten Farmer Hirtenhunde einsetzen, die Ziegen- oder Schafherden mit lautem Gebell verteidigen. Wenn Geparde sich von Nutzvieh fernhalten,

gibt es keinen Grund mehr für Farmer, diese wunderschönen Raubkatzen zu töten!
Es sollten also nicht nur die Tiere nach neuen Wegen des Überlebens suchen müssen, so wie es *Die Glorreichen Fünf* getan haben. Auch wir Menschen könnten noch viel erfinderischer sein, um die Natur und ihre Bewohner*innen zu schützen! Dann werden auch in Zukunft Geparde durch die Savanne streifen und vielleicht wie Schatten von den Sternen träumen ...

PS: Möchtest du wissen, wie ein Springbock aussieht, wenn er „ätschi-bätsch" zu singen scheint? Dann schau dir auf YouTube das Video „Springbok Pronking" an:

Ich finde, das ist ein wunderbares Rezept gegen schlechte Laune!

Bücher zum Thema:

Adamson, Joy: Die gefleckte Sphinx. Hoffmann und Campe 1970

Barfuss, Matto: Auf der Suche nach dem Paradies. Mein Leben mit Geparden. Wilhelm Goldmann 2003

Barfuss, Matto: Maleika. Das bewegende Leben einer Gepardin in der Savanne. riva 2017

Brandis, Katja: Gepardensommer. Arena 2020

Denis-Huot, Christine und Michel: Leoparden und Geparde. Die Herrscher der Savanne. White Star 2006

Her Royal Highness Princess Michael of Kent und Scott, Jonathan: A Cheetah's Tale. Bradt Travel Guides 2017

Hunter, Luke und Hamman, Dave: Cheetah. Struik Nature 2013

Scott, Jonathan und Angela: Big Cat Diary – Cheetah. HarperCollins 2005

Filme:

Vogel, Immo: Der Sieg der Geparden. 2004

Die Erde bei Nacht: Prärie im Mondlicht. Netflix 2020

Von Lawick, Hugo: Die Geparden Familie. DOCUNET Deutschland 2006

Expeditionen ins Tierreich: Die fünf Geparde – Gemeinsam durch die Serengeti. NDR Mediathek 2019

Expeditionen ins Tierreich: Geparde – Afrikas elegante Jäger. NDR Mediathek 2013

Geparden – Bedrohte Supersprinter. 2018

Im Reich der Raubkatzen. Disneynature 2011

Barfuss, Matto: Maleika. 2017

Barton-Humphreys, Tom: Tierkinder der Wildnis: Usana, die Gepardin. 3sat 2020

Wilde Dynastien: Geparde. ARTE Mediathek 2023

Kira Gembri wurde 1990 in Wien geboren. Noch während ihres Studiums der Vergleichenden Literaturwissenschaft begann sie, Geschichten für Kinder und Jugendliche zu schreiben. Ihre Liebe zu Büchern teilt sie mit ihrer kleinen Tochter – die allerdings keine Autorin werden möchte, sondern Tierschützerin. Außerdem gibt es da noch Findus, den Kater. Er ist zwar nur vier Kilo schwer, hat aber eindeutig das Herz (und den Appetit!) eines Löwen.

Jennifer Coulmann wuchs am grünen Rand Hamburgs auf, und schon seit der Grundschule gibt es für sie nichts Schöneres, als sich auf dem Papier Geschichten auszudenken. Besonders mag sie Tiergeschichten, deshalb ließ sie sich schon immer gern von Natur-Dokumentationen inspirieren – vor allem, wenn sie in der Serengeti gedreht wurden.
Im gemütlichen Münster studierte sie dann Design mit dem Schwerpunkt Illustration und arbeitet seit ihrem Abschluss 2014 als freischaffende Illustratorin und Autorin.